Handbibliothek
für das
Deutsche Genossenschaftswesen.

Unter Mitwirkung
von
Dr. Alberti-Wiesbaden, Häntschke-Charlottenburg, Klinkert-Breslau, Oppermann-Magdeburg, Parisius-Charlottenburg, Proebst-München, Dr. Schneider-Potsdam, Siebert-Berlin, Stoeckel-Insterburg, Thorwart-Frankfurt a./M., Vollborn-Friedenau, Wohlgemuth-Berlin

herausgegeben
von

Dr. Hans Crüger,
Anwalt des Allgemeinen Verbandes der auf Selbsthilfe beruhenden deutschen Erwerbs- und Wirthschaftsgenossenschaften.

Fünfter Band:
Das Bürgerliche Gesetzbuch und Handelsgesetzbuch
nach ihrer Wirkung für die Genossenschaften.

Berlin.
J. Guttentag, Verlagsbuchhandlung,
G. m. b. H.
1900.

Das Bürgerliche Gesetzbuch

und Handelsgesetzbuch

nach ihrer Wirkung für die Genossenschaften

nebst

Formularen für deren Geschäftsverkehr

bearbeitet von

Dr. Alexander Alberti,

Rechtsanwalt am Königlichen Landgericht zu Wiesbaden,

Direktor des

Verbandes der Erwerbs- und Wirthschaftsgenossenschaften am Mittelrhein.

Berlin.

J. Guttentag, Verlagsbuchhandlung,

G. m. b. H.

1900.

Vorwort.

Auf Veranlassung des Allgemeinen Verbandes Deutscher Erwerbs- und Wirthschaftsgenossenschaften sind bisher vier Handbücher herausgegeben, welche unsere Genossenschaften in den Stand setzen, sich schnellen Rath und Anleitung über alle in ihren Geschäftskreis fallenden Angelegenheiten zu holen:

1. Das Handbuch für Kreditgenossenschaften, Vorschuß- und Kreditvereine als Volksbanken von Schulze-Delitzsch, neu bearbeitet von Dr. Hans Crüger,
2. Das Handbuch für Konsumvereine von Oppermann und Häntschke,
3. Das Taschenbuch für Baugenossenschaften, Bau- und Spar-Vereine von Wohlgemuth und Dr. Schneider,
4. Anleitung zur Gründung von Handwerkergenossenschaften von Dr. Hans Crüger.

Die juristischen Fragen darin eingehend zu erörtern, empfahl sich um so weniger, als wir ein einheitliches bürgerliches Recht bisher in Deutschland nicht hatten. Nachdem nun aber die Einführung des Bürgerlichen Gesetzbuchs und des neuen Handelsgesetzbuchs in nächster Nähe steht, machte sich das Bedürfniß nach einer übersichtlichen, gemeinverständlichen Bearbeitung der wichtigsten für die Genossenschaften in Betracht kommenden Rechtsgebiete dringend geltend. Diesem Bedürfnisse Rechnung zu tragen, ist die Aufgabe des vorliegenden Buchs. Naturgemäß mußte in der Auswahl wie in der Bearbeitung der gewählten Stoffe eine weitgehende Beschränkung geübt werden, um die praktische Anwendbarkeit des Buchs für den Nichtjuristen zu ermöglichen. Die Vorstände der Genossenschaften werden darum in diesem Buche keinenfalls immer Antwort auf die in der nächsten Zeit in großer Fülle an sie herantretenden Fragen juristischer Natur finden: diese Aufgabe wird wohl kein Buch lösen. Wenn es ihnen aber den Uebergang in das neue Recht erleichtert und ihnen eine Anleitung für die juristische Beurtheilung der alltäglichen Geschäfte giebt, so hat es schon viel geleistet und seinen Zweck erfüllt.

Wiesbaden, den 12. November 1899.

Dr. Alberti.

Inhaltsverzeichniß.

I. Die Geschäftsfähigkeit in ihren Wirkungen für den Verkehr der Genossenschaften.

§ 1.

Allgemeines.

Unser Erwerbsleben stellt sich vom juristischen Standpunkt aus als eine fortgesetzte Reihe von Rechtsgeschäften dar, d. h. von Willenserklärungen, die auf die Hervorbringung eines rechtlichen Erfolgs gerichtet sind. Solche Willenserklärungen können einseitige sein, wenn nämlich zur Erreichung eines rechtlichen Erfolgs die Erklärung einer anderen Person nicht nöthig ist, z. B. bei dem Erwerbe des Eigenthums an einer herrenlosen Sache durch Ergreifung des Besitzes an derselben. Weit wichtiger sind aber für das geschäftliche Leben diejenigen Willenserklärungen, welche einer anderen Person gegenüber abgegeben werden, sei es nun, daß eine Annahmeerklärung derselben zur Erreichung eines rechtlichen Erfolgs nöthig ist, wie beim Kaufe, sei es, daß eine solche Erklärung entbehrlich ist, wie bei der Kündigung.

Die Fähigkeit, derartige Handlungen mit rechtlicher Wirkung vorzunehmen, bezeichnet das Bürgerliche Gesetzbuch als Geschäftsfähigkeit. Geschäftsfähig muß also Jeder sein, der Rechtsgeschäfte abschließen will. Zu diesen Rechtsgeschäften gehört auch der Eintritt in eine Genossenschaft und ebenso die Aufgabe der Mitgliedschaft. Meldet sich daher Jemand zur Aufnahme oder kündigt ein Mitglied seine Mitgliedschaft, so hat der Vorstand vor Allem zu prüfen, ob der Betreffende geschäftsfähig ist. Fehlt ihm die Geschäftsfähigkeit, so sind seine Handlungen vollkommen wirkungslos; er wird also trotz der Aufnahme durch den Vorstand, des Eintrags in die Mitgliederliste und der Zahlung seines Eintrittsgeldes und des Geschäftsantheils nicht Mitglied. In Folge dessen übernimmt er keinerlei Haftbarkeit und das, was er in irgend welcher Form an den Verein gezahlt hat, kann von seinem gesetzlichen Vertreter jederzeit als ohne rechtfertigenden

Grund gezahlt zurückverlangt werden. Ebenso bleibt der Geschäftsunfähige trotz seiner Kündigung Mitglied, auch wenn er in der Liste gelöscht und sein Geschäftsguthaben zurückerhalten hat.

Bei den Bestimmungen über die Geschäftsfähigkeit geht nun das Bürgerliche Gesetzbuch davon aus, daß dieselbe an sich die Regel bildet, daß also Jeder geschäftsfähig ist, der nicht in dem Gesetze ausdrücklich als geschäftsunfähig bezeichnet wird. Geschäftsunfähig ist aber nach § 104 des Bürgerlichen Gesetzbuchs:

1. wer nicht das 7. Lebensjahr vollendet hat,
2. wer sich in einem die freie Willensbestimmung ausschließenden Zustande krankhafter Störung der Geistesthätigkeit befindet, sofern nicht der Zustand seiner Natur nach ein vorübergehender ist,
3. wer wegen Geisteskrankheit entmündigt ist.

Alle unter diese Bestimmungen fallenden Personen können keinerlei Rechtshandlungen vornehmen.

Das Bürgerliche Gesetzbuch kennt dann aber auch eine beschränkte Geschäftsfähigkeit. Dieser unterliegen insbesondere minderjährige Personen, die das 7. Lebensjahr vollendet haben (B.G.B. § 106). Diese Personen können zunächst Rechtshandlungen, durch die sie lediglich einen rechtlichen Vortheil erlangen, selbständig vornehmen (B.G.B. § 107). Welche Rechtshandlungen lediglich einen rechtlichen Vortheil bringen, entscheidet sich nach der juristischen Natur dieser Verträge und nicht nach dem ökonomischen Erfolge. Nicht hierunter fallen also Verträge, durch welche der Minderjährige für eine ihm gewährte oder noch zu gewährende Leistung eine Gegenleistung übernimmt, mag das Geschäft in seinem Erfolge für ihn auch noch so vortheilhaft sein. Es kommen darum wesentlich nur Schenkungen in Betracht.

Zu allen Willenserklärungen, durch die er nicht lediglich einen rechtlichen Vortheil erlangt, bedarf der Minderjährige der Einwilligung seines gesetzlichen Vertreters. Wird diese Einwilligung nicht vorher in Form des Auftrags oder der Vollmacht oder nachher in derjenigen der Genehmigung ertheilt, so sind diese Handlungen nichtig.

Für die Genossenschaften ist hier namentlich zu denken an

Erwerb und Verlust der Mitgliedschaft, Annahme eines Vorschusses, Uebernahme einer Bürgschaft 2c.

Hat der Minderjährige ein derartiges Rechtsgeschäft ohne Einwilligung seines gesetzlichen Vertreters geschlossen, so ist dasselbe nicht ohne Weiteres rechtlich bedeutungslos, da es noch nachträglich genehmigt werden kann. Hierüber wird das Nähere unten erörtert werden (§ 3).

Nicht zu verwechseln mit dieser beschränkten Geschäftsfähigkeit ist der Mangel der Fähigkeit, gewisse Rechtshandlungen vorzunehmen, der auf persönlichen Verhältnissen oder Beziehungen an sich geschäftsfähiger Personen beruht.

Hier kommt namentlich die Stellung der Ehefrau in Betracht. Hierüber sowie über den Einfluß der väterlichen Gewalt und der Vormundschaft wird in den §§ 2 und 3 besonders gehandelt.

§ 2.

Die Ehefrau.

Frühere Güterrechtssysteme haben vielfach eine Beschränkung der Ehefrauen in ihrer Handlungsfähigkeit gekannt, so daß also manche Rechtshandlungen von Ehefrauen überhaupt nicht vorgenommen werden konnten. Eine derartige Beschränkung kennt das Bürgerliche Gesetzbuch nicht. Andererseits bringt es aber die Einheitlichkeit der Verwaltung des Vermögens der Ehegatten mit sich, daß der Ehemann, der die Verwaltung führt, hierbei bis zu einem gewissen Grade nicht durch einseitige Handlungen der Frau beschränkt werden darf und daß ihre Verfügungsrechte aufhören, wo die des Mannes beginnen. Ohne hier auf eine Erörterung der Systeme des ehelichen Güterrechts im Bürgerlichen Gesetzbuche einzugehen (vergl. hierüber unten § 30), seien nur die Folgen jenes Satzes bei Erwerb und Verlust der Mitgliedschaft erörtert.

1. Eine Ehefrau kann ohne Mitwirkung des Mannes die Mitgliedschaft bei einer Genossenschaft sowohl gültig erwerben wie auch aufgeben. Soweit jedoch mit dem Erwerbe der Mitgliedschaft Verpflichtungen verknüpft sind, wie insbesondere die zur Einzahlung auf den Geschäftsantheil, kann hierzu das der Verwaltung des Mannes unterstehende Vermögen der Frau nicht in Anspruch genommen werden.

Die Kündigung der Mitgliedschaft steht ihr zu, da die Mitgliedschaft nicht ein Vermögensrecht, wie etwa die Theilhaberschaft an einer Handelsgesellschaft, ist und darum auch nicht einen Bestandtheil des eingebrachten Vermögens darstellt.

2. Die Einwilligung des Mannes zum Betriebe eines Erwerbsgeschäfts Seitens der Frau ermächtigt letztere nach § 1405 B.G.B. zu allen Rechtsgeschäften, welche der Betrieb des Geschäfts mit sich bringt, und zwar mit der Wirkung, daß auch ihr in der Hand des Mannes befindliche eingebrachte Vermögen für Verbindlichkeiten hieraus haftet. Tritt nun die Frau zur Förderung ihres Gewerbebetriebs einer Genossenschaft bei, so kann darum jenes Vermögen auch für die aus dem Beitritte erwachsenden Verbindlichkeiten in Anspruch genommen werden.

3. Haben die Ehegatten für ihre Ehe Gütertrennung eingeführt, so kann die Frau ohne Beschränkung über ihr Vermögen verfügen und es haftet dieses Vermögen mithin auch für die aus der Mitgliedschaft entstehenden Verpflichtungen.

§ 3.

Die elterliche Gewalt.

Die **elterliche** Gewalt ist an die Stelle der **väterlichen** Gewalt der früheren Rechtssysteme getreten. Sie steht beiden Eltern zu, wobei jedoch das Recht der Mutter zurücktritt, solange der Vater lebt. Stirbt der Vater, oder ist er an der Ausübung der elterlichen Gewalt thatsächlich verhindert, so steht der Mutter die elterliche Gewalt und damit die Vertretung des minderjährigen Kindes zu, ohne daß es hierzu irgend einer Erklärung des Gerichts bedarf (B.G.B. §§ 1684 und 1685).

Die elterliche Gewalt hat gegenüber der bisher bestandenen väterlichen Gewalt an Bedeutung erheblich eingebüßt. Sie ist eine vormundschaftliche Schutzgewalt der Eltern über das eigene minderjährige Kind (B.G.B. § 1626). In Folge dessen endet sie mit der Großjährigkeit des Kindes, während sie andererseits durch Wegzug des Kindes von den Eltern oder die Verheirathung der Tochter nicht erlischt.

Hiernach unterstehen der elterlichen Gewalt nur minderjährige

Personen, und der Inhaber dieser Gewalt ist gesetzlicher Vertreter des Minderjährigen (B.G.B. § 1627).

Wie oben schon dargelegt, sind Kinder unter 7 Jahren handlungsunfähig und vom 7. bis 21. Jahre in der Handlungsfähigkeit beschränkt. Die Handlungen der Letzteren sind, soweit es sich um zweiseitige Geschäfte handelt, nicht bedeutungslos, während einseitige Rechtshandlungen von ihnen überhaupt nicht wirksam vorgenommen werden können (B.G.B. § 111). Die Folge dieser letzteren Bestimmung ist, daß die Kündigung der Mitgliedschaft durch einen Minderjährigen rechtlich gänzlich wirkungslos ist.

Für zweiseitige Geschäfte, zu denen auch der Erwerb der Mitgliedschaft einer Genossenschaft gehört, ist Folgendes bestimmt:

Schließt ein Minderjähriger ein derartiges Geschäft ab, so kann der andere Theil hieraus vorerst keine Rechte herleiten, er kann dasselbe aber auch nicht als nichtig behandeln, vielmehr tritt ein Schwebezustand ein und zwar solange, bis der gesetzliche Vertreter des Minderjährigen erklärt, ob er das Geschäft genehmigt oder nicht (B.G.B. § 108). Diesem Zustande kann jedoch der andere Theil, hier also die Genossenschaft, dadurch ein Ende machen, daß er den gesetzlichen Vertreter auffordert, zu erklären, ob er die Genehmigung ertheilt oder nicht. Ertheilt der Vertreter diese Genehmigung dann nicht innerhalb 2 Wochen, so gilt sie als verweigert und das Geschäft als nicht geschlossen (B.G.B. § 108 Abs. 2).

Weiter hat aber auch der andere Theil ein Recht des Widerrufs dann, wenn ihm die Minderjährigkeit nicht bekannt war oder der Minderjährige der Wahrheit zuwider die Einwilligung des Vertreters behauptet hat und dem anderen Theile nicht das Fehlen der Einwilligung bei dem Abschlusse des Vertrags bekannt war (B.G.B. § 109).

Hat übrigens der gesetzliche Vertreter mit Genehmigung des Vormundschaftsgerichts dem Minderjährigen den Betrieb eines Erwerbsgeschäfts gestattet, so gilt er damit zu allen Geschäften ermächtigt, welche der Betrieb des Geschäfts mit sich bringt, mit Ausnahme derjenigen, zu denen der Vertreter die Genehmigung des Vormundschaftsgerichts bedarf (B.G.B. § 112).

Jedenfalls empfiehlt es sich jedoch für die Vereine, einen Minderjährigen nicht eher aufzunehmen, bis der Vertreter erklärt hat, ob er hiermit einverstanden ist. Insbesondere ist dies auch dann rathsam, wenn der Minderjährige ein Erwerbsgeschäft treibt, da es oft sehr zweifelhaft sein wird, ob der Eintritt in eine Genossenschaft in den Kreis derjenigen Geschäfte fällt, welche der Betrieb des Erwerbsgeschäftes mit sich bringt.

§ 4.

Vormundschaft.

Der gewöhnlichste Fall der Vormundschaft ist diejenige über Minderjährige. Sie tritt ein, wenn der Minderjährige nicht unter elterlicher Gewalt steht oder wenn die Eltern aus besonderen Gründen (z. B. Konkurs, Verwirkung der elterlichen Gewalt) nicht zur Vertretung des Minderjährigen berechtigt sind oder endlich, wenn der Familienstand des Minderjährigen nicht bekannt ist (B.G.B. § 1773).

Weiter tritt eine Vormundschaft über Entmündigte ein (B.G.B. § 1896). Eine Entmündigung kann erfolgen:

a) wegen Geisteskrankheit. Alsdann ist der Entmündigte, wie in § 1 ausgeführt, gänzlich handlungsunfähig, und rechtsverbindliche Erklärungen können nur von dem Vormunde vorgenommen werden;

b) wegen Geistesschwäche;

c) wegen Verschwendung und

d) wegen Trunksucht (B.G.B. § 6).

In diesen drei zuletzt genannten Fällen steht der Entmündigte, was seine Handlungsfähigkeit betrifft, den Minderjährigen gleich, welche das 7. Lebensjahr vollendet haben, so daß sie also beschränkt geschäftsfähig sind (vergl. oben § 1).

In der gleichen Lage befinden sich aber auch diejenigen Volljährigen, die unter vorläufige Vormundschaft gestellt sind, nachdem ihre Entmündigung beantragt worden ist (B.G.B. § 1906).

Der Vormund ist gesetzlicher Vertreter des Mündels und kann für ihn die Mitgliedschaft bei einer Genossenschaft sowohl erwerben wie kündigen. Es gilt hier alles das, was in § 3 von dem Inhaber der elterlichen Gewalt im Verhältniß zum Kinde gesagt ist. Hier kann darum auf diese Ausführungen verwiesen werden.

Das Bürgerliche Gesetzbuch kennt eine Pflegschaft (nicht Vormundschaft) über solche volljährige Personen, welche in Folge geistiger oder körperlicher Gebrechen ihre Angelegenheiten nicht zu besorgen vermögen (B.G.B. § 1910). Diese Pflegschaft hat jedoch eine Beschränkung der Geschäftsfähigkeit nicht zur Folge und kommt daher hier auch nicht weiter in Betracht.

§ 5.

Rechtsfähigkeit der Vereine.

Das Genossenschaftsgesetz läßt außer natürlichen Personen, Handelsgesellschaften und Genossenschaften auch Korporationen und Personenvereine als Mitglieder der Genossenschaften zu (Gen.-Ges. § 43). Voraussetzung hierbei ist aber selbstverständlich, daß eine Korporation und ein Verein überhaupt Rechtsfähigkeit habe. Wann dies der Fall ist entscheidet sich nach Landesrecht und konnte daher in dem Genossenschaftsgesetze nicht erörtert werden.

Das Bürgerliche Gesetzbuch kennt den Begriff der Korporationen überhaupt nicht mehr. Was bisher darunter fiel, wird nach dem Bürgerlichen Gesetzbuche auch als Verein angesehen, so daß jetzt hier nur noch Vereine in Betracht kommen.

Für die rechtliche Behandlung unterscheidet das Bürgerliche Gesetzbuch zwischen Vereinen, deren Zweck auf einen wirthschaftlichen Geschäftsbetrieb gerichtet, und solchen, bei denen er nicht hierauf gerichtet ist. Erstere können in Ermangelung besonderer reichsgesetzlicher Vorschriften Rechtsfähigkeit durch staatliche Verleihung erlangen (B.G.B. § 22). Letztere dagegen, die Vereine mit sogenannten idealen Tendenzen, erlangen Rechtsfähigkeit durch Eintrag in das Vereinsregister des zuständigen Amtsgerichts (B.G.B. § 21). Hiermit können sie Rechte erwerben und Verpflichtungen übernehmen, mithin auch die Mitgliedschaft bei den Genossenschaften erlangen. Erfolgt eine Anmeldung Seitens eines Vereins, so muß sich der Vorstand der Genossenschaft die Bescheinigung über den erfolgten Eintrag in das Vereinsregister und bei Vereinen mit wirthschaftlichem Geschäftsbetrieb die Verleihungsurkunde vorlegen lassen. Vertreten wird ein solcher Verein durch den Vorstand (B.G.B. § 26). Es bedarf daher weiter auch des Nachweises, wer den Vorstand bildet und endlich der Vorlage der Satzung (Statuten). Der Vorstand hat nämlich die Stellung eines gesetzlichen Vertreters und ist damit an sich zur Vertretung des Vereins in jeder

Richtung ermächtigt. Zulässig ist aber, daß die Satzung den Umfang seiner Vertretungsmacht mit Wirkung gegen Dritte beschränkt.

Nicht rechtsfähig sind Gesellschaften, die nach B.G.B. §§ 705 ff. gebildet sind.

§ 6.

Kündigung der Mitgliedschaft für Gemeinschuldner.

Ueber die Stellung des Konkursverwalters hat das Bürgerliche Gesetzbuch keine Bestimmungen. Dieselben sind auch entbehrlich, da die Befugnisse des Konkursverwalters bereits durch die Konkursordnung festgestellt sind. Es handelt sich hier also nicht um etwas Neues. Der Vollständigkeit halber sei hier aber doch auch die Kündigung der Mitgliedschaft für den Gemeinschuldner durch den Konkursverwalter erörtert.

Mit der Konkurseröffnung geht die Verwaltung des zur Konkursmasse gehörigen Vermögens auf den Konkursverwalter über und liegt ihm dessen Verwaltung ob. Als ein Vermögensrecht ist nun, wie schon oben § 2 erörtert, die Mitgliedschaft nicht anzusehen. Sie ist daher auch nicht ein Bestandtheil der Konkursmasse und demgemäß kann der Konkursverwalter nicht die aus der Mitgliedschaft erwachsenden persönlichen Rechte, z. B. die Theilnahme an der Generalversammlung, ausüben. Als ein auf die Konkursmasse übergegangenes Vermögensrecht ist dagegen das Geschäftsguthaben anzusehen. Der Konkursverwalter ist darum befugt, dasselbe an sich zu ziehen und um dies zu ermöglichen, das Ausscheiden des Gemeinschuldners zu bewirken, also seine Mitgliedschaft zu kündigen. Ist dies auch nicht ausdrücklich gesetzlich bestimmt, so folgt es doch aus der Stellung des Konkursverwalters in Verbindung mit § 66 des Genossenschaftsgesetzes (Kündigung durch einen Gläubiger). Der Konkursverwalter ist bei der Verwerthung der Masse Vertreter aller Gläubiger und unmöglich kann ihm verwehrt sein, was außerhalb des Konkurses einem jeden Gläubiger in dieser Richtung zusteht. Hiermit soll übrigens nicht gesagt sein, daß der Konkursverwalter die in § 66 des Gen.-Ges. vorgeschriebenen Formalitäten zu erfüllen hat. Dies ist schon darum ausgeschlossen, weil während der Dauer des Konkursverfahrens überhaupt Pfändungen in das zur Konkursmasse gehörige

Vermögen unzuläßig sind. Es genügt vielmehr einfache Kündigung der Mitgliedschaft durch den Konkursverwalter. Vergl. auch Parisius und Crüger, Kommentar, 3. Aufl., S. 298.

§ 7.

Ausscheiden durch Uebertragung des Geschäftsguthabens von Ehefrau auf Ehemann.

Nach § 76 des Genossenschaftsgesetzes kann ein Mitglied dadurch aus der Genossenschaft ausscheiden, daß es sein Geschäftsguthaben durch schriftliche Uebereinkunft auf einen Anderen überträgt, sofern der Erwerber an seiner Stelle Genosse wird oder sofern derselbe schon Genosse ist und sein bisheriges Guthaben mit dem ihm zuzuschreibenden Betrage den Geschäftsantheil nicht übersteigt. Von dieser Bestimmung wird namentlich dann Gebrauch gemacht, wenn sich ein weibliches Mitglied einer Genossenschaft verheirathet. Es fragt sich wie das Ausscheiden in diesem Falle erfolgt, ob insbesondere der Ehemann das Ausscheiden der Frau ohne ihre Mitwirkung herbeiführen kann oder ob die Uebertragung des Geschäftsguthabens und damit das Ausscheiden der Frau gar schon durch den Abschluß der Ehe von selbst eintritt.

Von beidem kann zunächst jedenfalls nicht die Rede sein, wenn für die Ehegatten der Güterstand der Gütertrennung eingetreten ist, da hierbei eine Gemeinschaftlichkeit des Gutes nicht eintritt und dem Ehemanne Verwaltungsrechte nicht zustehen.

In allen anderen Fällen unterliegt das eingebrachte Gut der Frau, soweit es nicht Vorbehaltsgut ist, der Verwaltung des Mannes. Da das Geschäftsguthaben bei einer Genossenschaft nur in Ausnahmefällen zum Vorbehaltsgut gehören wird, steht dem Ehemanne auch hierüber die Verfügung zu. Allerdings wächst es nicht von selbst seinem eigenen Guthaben zu. Ebensowenig tritt der Ehemann, der nicht Mitglied der Genossenschaft war, etwa durch den Eheschluß von selbst an Stelle der Frau als Mitglied ein. Dagegen muß ihm allerdings, wenn die Gatten nach dem System der Gütergemeinschaft oder der Fahrnißgemeinschaft leben, die Befugniß zuerkannt werden, das Guthaben auch ohne Mitwirkung der Frau auf sich oder einen anderen zu übertragen und hierdurch die Mitgliedschaft der Frau zu beendigen. Dieses Recht steht ihm selbst gegen den Widerspruch der Frau zu. Anders aber, wenn der Güterstand der Verwaltungsgemeinschaft oder der Errungenschaftsgemeinschaft vorliegt. Alsdann kann der Mann nicht ohne ihre Zustimmung über das eingebrachte Gut verfügen (B.G.B. § 1375).

Da die Verwaltung des Vermögens, abgesehen vom Vorbehaltsgute, mit der Ehe gesetzlich auf den Mann übergeht, hört die Verwaltung der Frau auf, und steht ihr darum auch nicht die Verfügung über ihr Geschäftsguthaben zu. Immerhin sind derartige Verfügungen durch Vertrag nicht wirkungslos. Sie werden nämlich wirksam, wenn der Mann seine Genehmigung hierzu giebt (B.G.B. § 1396). Ueber das Recht des Widerrufs und die Möglichkeit, die Genehmigung herbeizuführen, gilt hier dasselbe, was oben von den Verträgen gesagt ist, welche von Minderjährigen ohne Mitwirkung des gesetzlichen Vertreters geschlossen sind.

Auch hier dürfte es sich für unsere Vereinsleiter empfehlen, bei derartigen Uebertragungen des Geschäftsguthabens möglichst beide Ehegatten zur Mitwirkung heranzuziehen.

II. Die wichtigsten Rechtsgeschäfte in dem Verkehr der Genossenschaften.

§ 8.

Allgemeines.

In gleicher Weise wie das Handelsgesetzbuch hat jetzt auch das Bürgerliche Gesetzbuch das Prinzip aufgestellt, daß Rechtsgeschäfte zu ihrer Gültigkeit einer bestimmten Form nicht bedürfen. Hiervon giebt es jedoch Ausnahmen und darunter auch solche, die für den Geschäftsverkehr der Genossenschaften von erheblicher Bedeutung sind.

Zu erwähnen ist hier zunächst die Schriftlichkeit des Vertrags. Diese wird namentlich gefordert für

1. den Miethvertrag über ein Grundstück, der für längere Zeit als ein Jahr geschlossen wird (B.G.B. § 566),
2. den Bürgschaftsvertrag (B.G.B. § 766), sofern nicht die Bürgschaft auf Seiten des Bürgen ein Handelsgeschäft ist (H.G.B. § 350),
3. das Schuldversprechen und das Schuldanerkenntniß; doch ist

die schriftliche Form entbehrlich, wenn das Schuldversprechen oder das Schuldanerkenntniß auf Grund einer Abrechnung oder im Wege des Vergleichs ertheilt wird (B.G.B. §§ 780 bis 782) und ebenso, wenn das Anerkenntniß auf Seiten des Schuldners ein Handelsgeschäft ist, insbesondere also auch dann, wenn es von einem Kaufmann als Mitglied einer Genossenschaft dieser gegenüber abgegeben wird,

4. die Abtretung einer Hypothekenforderung § 1154.

Soweit nur schriftliche Form verlangt wird, genügt auch telegraphische Uebermittlung und Briefwechsel, doch kann nachträglich von jedem Theile die Errichtung einer Vertragsurkunde verlangt werden.

Gerichtliche oder notarielle Form wird verlangt für den Ehevertrag (B.G.B. § 1434) und für den Vertrag über Uebertragung des Eigenthums an einem Grundstücke (B.G.B. § 313).

Ein Rechtsgeschäft, welches der durch Gesetz vorgeschriebenen Form ermangelt, ist nach B.G.B. § 125 nichtig. In Folge dessen kann auch das, was auf Grund eines solchen der Form entbehrenden Vertrags geleistet ist, zurückgefordert werden. Dies gilt jedoch nicht überall, so namentlich nicht bei der Bürgschaft. Hat der Bürge die Hauptverbindlichkeit erfüllt, so wird damit der Mangel der Form geheilt und eine Rückforderung findet nicht statt (B.G.B. § 766).

Haben Personen, die einen Vertrag schließen wollen, ausgemacht, daß der Vertrag in einer bestimmten Form errichtet werde, so hat der Mangel dieser Form im Zweifel ebenfalls Nichtigkeit zur Folge. Derjenige, welcher behauptet, daß der Vertrag trotzdem gültig sei und die erwähnte Form nur als Beweismittel dienen sollte, hat den Nachweis zu führen, daß dies die Absicht der Parteien war.

Häufig wird die Frage auftauchen, welche Bedeutung Verabredungen haben, die neben einem schriftlichen Vertrag mündlich getroffen wurden. Hierüber ist der Wille der Parteien entscheidend. Diesen Willen hat derjenige zu beweisen, der sich darauf beruft. Jedenfalls wird im Zweifel angenommen, daß die Urkunde den Willen der Parteien vollständig enthält und daß alles, was nicht darin aufgenommen, auch nicht vereinbart ist. Es empfiehlt sich darum dringend, alle Vereinbarungen in die Urkunde hineinzubringen und für spätere Abmachungen einen Nachtrag zu der Urkunde zu errichten.

§ 9.

Das Darlehen.

Bezüglich des Darlehens werden durch das Bürgerliche Gesetzbuch Neuerungen nicht eingeführt. Begründet wird es wie bisher durch Hingabe von Geld oder anderen vertretbaren Sachen. Wer Geld oder andere vertretbare Sachen aus einem anderen Grunde schuldet, kann mit dem Gläubiger vereinbaren, daß das Geld oder die Sachen als Darlehen geschuldet werden sollen (B.G.B. § 607).

Besondere Beschränkungen der Darlehensfähigkeit erkennt das Bürgerliche Gesetzbuch nicht an. Damit sind auch alle diejenigen aufgehoben, welche bisher in einzelnen Landestheilen galten. Selbstverständlich sind aber die Darlehen der minderjährigen Hauskinder ebenso wie alle verpflichtenden Verträge der Minderjährigen an die Genehmigung ihrer gesetzlichen Vertreter gebunden.

Das für den Schuldschein bisher empfohlene Formular (Dr. Crüger, Vorschuß- und Kreditvereine als Volksbanken, Formular 23) ist auch weiterhin anwendbar.

Dasselbe ist hier als Formular 1 beigefügt.

§ 10.

Darlehen auf Antheilscheine.

Bei den Konsumvereinen wie bei den Baugenossenschaften kommen unkündbare Darlehen über kleinere Beträge, gewöhnlich 200 Mark, vor, durch welche ein größerer Fonds zu bestimmten Zwecken gesammelt wird. Die Konsumvereine verschaffen sich auf diese Weise die Mittel zum Erwerb eines Geschäftshauses, sie bezeichnen die über solche Darlehen ausgegebenen Scheine als Hausantheilscheine. Die Baugenossenschaften suchen mit den auf solche Antheilscheine erhaltenen Kapitalien ihr Betriebskapital zu vergrößern.

Die Genossenschaften streben also Kapitalien zu erhalten, welche von den Darlehensgebern nicht gekündigt werden können. Hingegen verpflichtet sich der Verein, von einer gewissen Zeit ab einen bestimmten Prozentsatz der Darlehen abzutragen, wobei die zur Rückzahlung gelangenden Darlehen durch das Loos bestimmt werden.

Ein Bedenken gegen derartige Bestimmungen liegt auch nach dem Bürgerlichen Gesetzbuch nicht vor.

Ein gleiches läßt sich jedoch nicht darüber sagen, wie vielfach die Zinszahlung geregelt ist. Während nämlich die Schuldscheine auf den Namen lauten und nach den auf den Scheinen abgedruckten Bedingungen die Uebertragung der Forderung nur durch Abtretung derselben erfolgen kann, hierfür auch schriftliche Form und Ueberschreibung in den Büchern des Vereins vorgesehen ist, werden die Zinsforderungen aus diesen Darlehen oft anders behandelt. Den Antheilscheinen werden nämlich Zinscheine beigegeben, wie den Staatspapieren die Coupons. Die Zahlung der Zinsen erfolgt gegen Auslieferung dieser Zinsscheine an jeden Inhaber. Bei den Konsumvereinen können die Zinscheine der Hausantheilscheine sogar in Zahlung gegeben werden.

Bei einer derartigen Behandlung der Zinsscheine sind dieselben schließlich Inhaberpapiere. Zur Ausgabe von Inhaberpapieren ist aber nach dem Bürgerlichen Gesetzbuch § 795 die staatliche Genehmigung erforderlich. Werden Inhaberpapiere ohne staatliche Genehmigung in den Verkehr gebracht, so sind sie nichtig. Der Aussteller hat weiter dem Inhaber den durch die Ausgabe entstandenen Schaden zu ersetzen.

Aber nicht nur der Inhaber des Scheins, sondern auch der Verein läuft bei der Sache Gefahr. Wenn nämlich der Zinsschein nichtig ist, so ist auch die auf ihn erfolgte Zahlung keine Tilgung der Zinsschuld und der Verein kann in die Lage kommen, die Zinsen nochmals an den Darlehensgeber oder seinen Rechtsnachfolger zahlen zu müssen.

Bei den Baugenossenschaften hat man dem Zinsschein den Charakter als Inhaberpapier dadurch genommen, daß man dem Darlehensgeber zur Pflicht macht, die Anweisung zur Zahlung anderer Personen auf dem Zinsschein zu beurkunden. Wie aber, wenn der Schein ohne einen solchen Vermerk präsentirt wird, etwa von Jemand, der sich als Dienstbote des Darlehensgebers vorstellt. Dann giebt die Einlösung des Zinsscheins nicht die mindeste Gewähr dafür, daß die Zinsschuld damit rechtsgültig bezahlt ist. Wenn aber andererseits der Darlehensgeber auf jeden Zinsschein eine Anweisung schreiben soll, so ist dies wieder für ihn eine Belästigung, welche die durch Ausgabe der Zinsscheine erstrebte Leichtigkeit des Verkehrs wesentlich einschränkt.

Dem gegenüber erscheint es rathsam, von der Ausgabe besonderer Zinsscheine abzusehen. Die Zahlung der Zinsen müßte dann gegen Vorzeigung der Schuldurkunde erfolgen und hätte der Empfänger Quittung zu ertheilen. Dabei ist wie bei den Sparkassenbüchern in die Urkunde der Vermerk aufzunehmen, daß die Zahlung des Kapitals wie die Zinsen gegen Vorlage der Schuldurkunde und gegen Quittung erfolgt, daß auch die Zahlung an jeden Vorzeiger geleistet werden kann, so lange nicht der Darlehensgeber, sein Vertreter oder Rechtsnachfolger bei dem Vorstande der Genossenschaft hiergegen schriftlich Einsprache erhoben hat.

Ein derartiges Verfahren wird sich nicht erheblich umständlicher gestalten, als das bei Ausgabe und Einlösung der Zinsscheine und wird die Rechtssicherheit für Darlehensgeber und Darlehensnehmer außer Zweifel stellen.

Zu berücksichtigen ist auch, daß die Darlehensgeber wohl alle am Sitze des Vereins oder doch in seiner nächsten Nähe wohnen werden. Unter diesen Umständen ist die Abholung der Zinsen für sie keine Belästigung. In ähnlicher Weise ist auch die Zinszahlung auf Darlehen geregelt, welche die Kreditvereine annehmen. Dort handelt es sich manchmal um Darlehen im Betrage von Millionen, ohne daß sich irgendwie ein Bedürfniß gezeigt hätte, die Zinszahlung anders zu regeln, als es hier vorgeschlagen wird.

Formulare für die Hausantheilscheine nebst Geschäftsbedingungen befinden sich in Anlage als Formular 2, solche für die Schuldverschreibungen der Baugenossenschaften als Formular 3.

§ 11.

Sparkassen-, Depositen- und Checkverkehr.

Die Sparkassen- und Depositeneinlagen unterstehen den Bestimmungen über das Darlehen (B.G.B. § 700). Für den Sparkassen- und Depositenverkehr sind jedoch durch das Bürgerliche Gesetzbuch Aenderungen (abgesehen von § 10 der Sparordnung, hier Formular 3) nicht nöthig geworden und bleiben die von Dr. Crüger, Vorschuß- und Kreditvereine als Volksbanken unter Nr. 15 und 16 entworfenen Formulare auch weiter empfohlen. Hier Anlage Formular 4 und 5.[1]) Insbesondere ist den Sparkassen auch weiterhin gestattet, zu bedingen, daß die nicht erhobenen Zinsen zum Kapitale geschlagen und mit demselben verzinst werden (B.G.B. § 248). Ferner ist es für zulässig erklärt, in den Bedingungen für den Sparkassenverkehr mit Rechtswirksamkeit zu bestimmen, daß die Leistung seitens der Sparkasse an jeden Inhaber erfolgt, ohne daß aber der Inhaber berechtigt ist, Zahlung zu verlangen, sofern er sich nicht legitimirt (B.G.B. § 808). Für die Kraftloserklärung der Sparkassenbücher vergl. § 25.

Ueber den Checkverkehr enthält das Bürgerliche Gesetzbuch besondere Bestimmungen nicht. Derselbe untersteht darum bis zum Erlasse des in Aussicht genommenen Checkgesetzes den Bestimmungen über die Anweisung. (B.G.B. §§ 783—792). Auch hier treten Neuerungen nicht ein und kann das bisher empfohlene Formular (Dr. Crüger, Vorschuß- und Kreditvereine als Volksbanken Formular Nr. 18), weiter benutzt werden.

§ 12.

Laufende Rechnung ohne und mit Kreditgewährung.

Das bisher in Geltung befindliche Handelsgesetzbuch enthielt in Art. 291 nur unwesentliche Bestimmungen über den Kontokurrentverkehr und überließ es der Wissenschaft und Rechtsprechung, die Wirkungen des Kontokurrentverhältnisses aus dessen Zweck und Bedeutung abzuleiten. Das neue Handelsgesetzbuch hat jedoch dieses Verhältniß in dankenswerther Weise geregelt und damit einem lange gefühlten Bedürfnisse Abhülfe geschaffen.

Zunächst hat es in § 355 den Begriff des Kontokurrentverhältnisses festgelegt. Danach ist hierunter zu verstehen die Geschäftsverbindung von irgend Jemand mit einem Kaufmann derart, daß die aus der Verbindung entspringenden Ansprüche und Leistungen nebst Zinsen in Rechnung gestellt und in regelmäßigen Zeitabschnitten

[1]) Form. 16 des Vorschußvereinsbuchs ist gleichlautend mit der Sparordnung Form. 16 des Taschenbuchs für Baugenossenschaften von Wohlgemuth u. Dr. Schneider. Auch für die Baugenossenschaften ist darum die in § 10 getroffene Aenderung dieses Formulars, hier Anl. Form. 4, zu empfehlen. Die im Baugenossenschaftsbuch enthaltenen Bestimmungen über unkündbare Spareinlagen bedürfen einer Aenderung nicht. Es kann daher von dem Abdruck dieses Formulars abgesehen werden.

durch Verrechnung und Feststellung des für den einen oder anderen Theil sich ergebenden Ueberschusses ausgeglichen werden.

Nicht erforderlich ist hiernach, daß beide Theile Kaufleute sind. In Folge dessen kommen die Bestimmungen des Handelsgesetzbuchs bei den Kontokurrentverbindungen der Genossenschaften mit ihren Mitgliedern ausnahmslos zur Anwendung. Unerheblich ist weiter, ob der Kontokurrentverkehr mit oder ohne Kreditgewährung erfolgt.

In § 355 des Handelsgesetzbuchs ist dann festgestellt, daß von dem Tage des Abschlusses an der Ueberschuß zu verzinsen ist, auch soweit in der Rechnung Zinsen enthalten sind, ferner, daß der Rechnungsabschluß, wenn nichts Anderes bestimmt ist, jährlich einmal geschieht und daß das Verhältniß im Zweifel jederzeit mit der Wirkung gekündigt werden kann, daß die Zahlung des Ueberschusses sofort zu erfolgen hat.

Eine sehr wichtige, den Erfordernissen des Verkehrs Rechnung tragende Neuerung bringt uns dann § 356:

> „Wird eine Forderung, die durch Pfand, Bürgschaft oder in anderer Weise gesichert ist, in die laufende Rechnung aufgenommen, so wird der Gläubiger durch die Anerkennung des Rechnungsabschlusses nicht gehindert, aus der Sicherheit insoweit Befriedigung zu suchen, als sein Guthaben aus der laufenden Rechnung und die Forderung sich decken. Haftet ein Dritter für eine in die laufende Rechnung aufgenommene Forderung als Gesammtschuldner, so findet auf die Geltendmachung der Forderung gegen ihn die Vorschrift des Abs. 1 entsprechende Anwendung."

Bisher nahm die Rechtsprechung an, daß mit der Anerkennung des Saldos die Sicherheiten für die einzelnen in Rechnung gestellten Posten erlöschen, da auch die einzelnen Forderungen als solche untergehen und die Forderung aus dem Saldo eine neue Forderung darstellt. Auch jetzt entsteht mit dem Rechnungsabschlusse eine neue Forderung, aber die für die einzelnen Schuldposten gestellten Sicherheiten dauern weiter. Sind mehrere Forderungen, die den Gesammtbetrag des Saldos übersteigen, durch verschiedene Sicherheiten gedeckt, so haften alle, soweit nicht die einzelne Forderung hinter dem Betrage des Saldos zurückbleibt. Nach Ansicht mancher Rechtslehrer ist die eingestellte Forderung und damit also auch ihre Sicherung erloschen, wenn zu irgend einem Zeitpunkte während der Rechnungsperiode und nicht bloß am Schlusse derselben die Summe der Leistungen des Schuldners geringer ist als die Summe der ihr gewährten Gegenleistungen (vergl. Litthauer, Handelsgesetzbuch Anm. zu § 356). Ob diese Ansicht von der Rechtsprechung angenommen wird, erscheint nicht unzweifelhaft. Uebrigens muß dem Schuldner die Befugniß zustehen, auf die laufende Rechnung eine Zahlung mit der Erklärung und Wirkung zu leisten, daß hiermit ein bestimmter in Rechnung gestellter Posten getilgt sein soll. Andernfalls würde es ihm z. B. nicht möglich sein, den Wechsel über eine derart eingestellte Wechselschuld zurückzuerlangen. Hierzu sei bemerkt, daß es sich überhaupt nicht empfiehlt, in den Saldo den Betrag für nicht eingelöste Wechsel aufzunehmen. Die besondere Natur des Wechsels erfordert eine beschleunigte und darum gesonderte Geltendmachung des Anspruchs aus einem Wechsel. Ob diese gesonderte Geltendmachung aber nach der Einstellung im Kontokurrent noch zulässig ist, kann, wie unten noch erörtert wird, zweifelhaft erscheinen, wie denn auch schon derartige Klagen abgewiesen worden sind. So ist denn auch schon jetzt von manchen Vereinen in den Bedingungen für den Kontokurrentverkehr ausdrücklich die Bestimmung aufgenommen, daß der Verein nicht verpflichtet ist, im Kontokurrent gutgeschriebene Wechsel, falls sie nicht eingelöst werden, wieder zu belasten.

Damit, daß eine Forderung eingestellt und der Saldo gezogen wird, ist die Sicherheit nicht auf die Saldoforderung übergegangen, vielmehr besteht die alte Forderung fort, soweit es sich um die Geltendmachung der Sicherheit handelt. Dem Bürgen und dritten Verpfänder bleiben daher auch alle Einreden gegen diese Forderung vorbehalten.

Keine Bestimmung ist darüber getroffen, wie weit durch das Bestehen einer Kontokurrentverbindung die gesonderte Geltendmachung von Forderungen, die in das Kontokurrent gehören, auch schon vor der Feststellung des Rechnungsabschlusses ausgeschlossen wird. Eine feste Regel läßt sich hier nicht aufstellen, doch wird es im Allgemeinen dem Wesen des Kontokurrentverhältnisses widersprechen und deshalb unzuläßig sein, daß einzelne Forderungen aus der Rechnung herausgegriffen werden, um den Schuldner zu gesonderter Berichtigung derselben zu nöthigen (vergl. Denkschrift zum Entwurfe eines Handelsgesetzbuchs S. 184).

§ 357 des Handelsgesetzbuchs trifft endlich noch Bestimmungen für den Fall, daß der Gläubiger eines Betheiligten Pfändung und Ueberweisung des Anspruchs auf dasjenige erwirkt, was seinem Schuldner als Ueberschuß aus der laufenden Rechnung zukommt. Alsdann können dem Gläubiger Schuldposten, die nach der Pfändung durch neue Geschäfte entstehen, nicht in Rechnung gestellt werden. Dabei gelten jedoch Geschäfte, welche auf Grund eines schon vor der Pfändung bestehenden Rechtes oder einer schon vor diesem Zeitpunkte bestehenden Verpflichtung des Drittschuldners vorgenommen werden, nicht als neue Geschäfte im Sinne dieser Vorschrift. Hat z. B. ein Verein einen Wechsel diskontirt und gutgeschrieben, den er später im Regreßwege einlösen muß oder hat er eine auf ihn ausgestellte Anweisung angenommen, die er nachher zu honoriren hat, so kann ihm eine dazwischen liegende Pfändung des Guthabens seines Mitglieds aus laufender Rechnung nicht schaden.

Auf Gutschriften, die nach der Pfändung liegen, insbesondere auch auf den künftigen Saldo, erstreckt sich die Pfändung nicht, sofern dies nicht in dem Pfändungsbeschlusse ausdrücklich gesagt ist.

Unter allen Umständen empfiehlt es sich, nach dem Eingange eines Pfändungsbeschlusses die Rechnung abzuschließen, um allen Unklarheiten bezüglich der weiteren Geschäfte vorzubeugen.

Zum Schlusse sei hier die unsern Vereinen so oft ertheilte Mahnung wiederholt: darauf zu achten, daß auf dem Kontokurrentkonto Umschlag erfolgt. Dies empfiehlt sich nicht nur aus wirthschaftlichen Gründen, sondern vor Allem schon darum, weil ohne beiderseitige Leistung ein Kontokurrentverhältniß überhaupt nicht vorliegt. Sollte insbesondere ein Vorschuß in die Form des Kontokurrents gekleidet werden, so finden die Bestimmungen des Bürgerlichen Gesetzbuchs über das Darlehen und nicht die über den Kontokurrent Anwendung, so daß also z. B. Zinsen von den in dem Saldo enthaltenen Zinsen nicht berechnet werden können. Vergl. die Formulare und Bedingungen bei Crüger, Vorschuß- und Kreditvereine als Volksbanken S. 291 ff., 309 ff.

§ 13.

Das Güterzielergeschäft.

Das Güterzielergeschäft: der Ankauf von Steiggeldforderungen (vergl. Crüger, Vorschuß- und Kreditvereine als Volksbanken S. 199) hat zur Voraussetzung, daß die cedirten Kaufgeldforderungen durch einen hypothekarischen Eintrag auf die verkauften Grundstücke sicher gestellt werden. Diese Sicherstellung läßt sich in Süddeutschland sehr einfach auf folgende Weise beschaffen: In dem Kaufe wird die hypothekarische Sicherstellung, hier oft Eigenthumsvorbehalt genannt, ausbedungen und bei der Ueberschreibung eingetragen. In manchen Rechtsgebieten besteht sogar ohne jede Vereinbarung ein gesetzliches Vorzugsrecht für den noch ausstehenden Kaufpreis, welches auf die verkaufte Liegenschaft in das Hypothekenbuch einzutragen ist. Jedenfalls ist also ohne große Umstände und Kosten eine genügende Sicherstellung des Kaufpreises gegeben, die mit diesem auf den Cessionar übergeht.

Da nun das Bürgerliche Gesetzbuch weder ein solches Vorzugsrecht noch die Begründung einer Hypothek durch den Kaufvertrag kennt, fragt es sich, wie sich dieser Geschäftszweig in Zukunft gestalten wird. Insbesondere ist die Befürchtung geäußert worden, daß sich die Käufer nach Erwerb des Grundstücks nicht auf die umständliche Bestellung einer Hypothek einlassen, so daß also eine hypothekarische Sicherstellung des Kaufpreises überhaupt nicht erfolgt. Diese Befürchtung dürfte jedoch nicht begründet sein. Zunächst wird sich der Verkäufer wohl kaum auf einen Verkauf einlassen, wenn der Kaufpreis nicht baar bezahlt oder sicher gestellt wird. Diese Sicherstellung wird aber, wie bisher, in den weitaus meisten Fällen nur durch das Grundstück selbst erfolgen können und der Käufer wird sich darum wohl schon dazu herbeilassen müssen, die hypothekarische Eintragung sofort nach der Auflassung zu bewirken. Dies kann sogar direkt auf den Namen des Cessionars geschehen, so daß die Cession der Hypothekforderung gespart wird.

In dieser Weise hat sich der Verkehr mit Kaufgeldforderungen bereits in manchen Gegenden, in denen das Grundbuch eingeführt ist, entwickelt, und es erscheint wohl zweifellos, daß auch in Süddeutschland nach Einführung des Grundbuchs die gleiche Entwicklung kommen wird. Unsere Vereine werden alsdann diesen Geschäftszweig pflegen können wie bisher. Dringend zu empfehlen ist nur, daß sie kein Geld auszahlen, so lange nicht der Nachweis des hypothekarischen Eintrags in ihren Händen ist.

Auch in Zukunft wird hier für die Bayerische Pfalz eine Erleichterung in Geltung bleiben. Durch das bayr. Ausführungsgesetz zur Civilprozeßordnung vom 23. Februar 1879 war Folgendes bestimmt: In dem Kaufvertrage kann vereinbart werden, daß bei Verzug des Käufers mit Zahlung des Kaufpreises nach Ablauf einer Zahlungsfrist von 15 Tagen das Kaufobjekt durch einen Notar ohne die Förmlichkeiten der Zwangsversteigerung öffentlich versteigert werden kann. Diese Versteigerung hat die Wirkung, daß mit ihr alle etwa in der Zwischenzeit vom Käufer darauf gelegten Lasten von selbst erlöschen. Die Art. 17 und 18 des bayr. Liegenschaftsgesetzes in der Pfalz vom 1. Juli 1898 haben dieses Verfahren der sog. „vertragsmäßigen Wiederversteigerung" mit den Modifikationen, wie sie sich aus dem Bürgerlichen Gesetzbuch ergeben, beibehalten. Es muß dieser Anspruch nur gemäß § 883 des B.G.B. in das Grundbuch eingetragen werden. Die Vereine haben dann bei jeder Cession darauf zu achten:

1. daß die Klausel der vertragsmäßigen Wiederversteigerung als Bedingung in den Kaufvertrag aufgenommen und
2. daß sie in das Grundbuch eingetragen ist, bevor von dem Käufer andere Lasten auf das Grundstück gelegt wurden.

§ 14.
Die Aufbewahrung.

Für die Aufbewahrung und Verwaltung von Werthstücken ergeben sich aus dem Bürgerlichen Gesetzbuche für die Vereine keine Neuerungen. Die von Dr. Crüger, Vorschuß- und Kreditvereine als Volksbanken unter Nr. 46 und 47 empfohlenen Formulare sind daher weiter zu verwenden. Hier Anlage Formular Nr. 9 u. 10.

Bezüglich der geschlossenen Depots sei darauf hingewiesen, daß der Hinterleger den durch die Beschaffenheit der hinterlegten Sache dem Verwahrer entstehenden Schaden zu ersetzen hat, es sei denn, daß er die gefahrdrohende Beschaffenheit der Sache bei der

Hinterlegung weder kennt noch kennen muß (B.G.B. § 694). Den Vereinen ist übrigens dringend zu empfehlen, sich bei der Annahme geschlossener Depots die Ueberzeugung zu verschaffen, daß ihnen solche Dinge überhaupt nicht übergeben werden.

§ 15.

Der Kauf.

Der Kauf: Die Vereinbarung über Hingabe einer Sache gegen Geld, verpflichtet den Verkäufer, dem Käufer die Sache zu übergeben und ihm das Eigenthum an derselben zu verschaffen, während der Käufer den Kaufpreis zu zahlen und die Sache abzunehmen hat (B.G.B. § 433).

Der Verkäufer kann auf Abnahme klagen, ohne daß er den in manchen Rechtsgebieten bisher erforderten Beweis eines besonderen Interesses an der Abnahme zu erbringen hat. Mit der Sache selbst ist auch deren Zubehör dem Käufer zu übereignen.

Nicht nur Sachen, sondern auch Forderungen und sonstige Rechte können Gegenstand eines Kaufs sein. In diesem Falle haftet der Verkäufer für den rechtlichen Bestand der Forderung oder des Rechtes. Der Verkäufer eines Werthpapieres haftet insbesondere dafür, daß es nicht zum Zwecke der Kraftloserklärung aufgeboten ist (B.G.B. § 437). Ebenso muß er für haftbar angesehen werden, wenn Gegenstand des Kaufs Coupons sind, welche wegen Verjährung nicht eingezogen werden können. Vgl. das Nähere bei § 18 S. 45.

Von großer Bedeutung im geschäftlichen Verkehre ist die Frage, **wann die Gefahr** der verkauften Sachen auf den Käufer **übergeht**, von wann also eine zufällige Verschlechterung oder ein zufälliger Verlust derselben auf seine Rechnung kommt. Hierfür ist die Uebergabe der Sache maßgebend (B.G.B. § 446). Anders ist dies jedoch, wenn der Kauf unter einer aufschiebenden Bedingung geschlossen ist, wenn z. B. bedungen ist, daß der Uebergang des Eigenthums erst nach Zahlung des Kaufpreises erfolgt, eine Vereinbarung, welche das Bürgerliche Gesetzbuch auch in dem Vorbehalte des Eigenthums bis zur Zahlung des Kaufpreises findet (B.G.B. § 455). Hier trägt der Verkäufer die Gefahr, bis die Bedingung eingetreten, im angeführten Falle also, bis die vollständige Auszahlung des Kaufpreises erfolgt ist (B.G.B. § 158).

Wenn andere Vereinbarungen nicht getroffen sind, sei es ausdrücklich, sei es stillschweigend, so hat der Verkäufer die verkaufte Sache da zu übergeben, wo er zur Zeit des Kaufs seine gewerbliche Niederlassung und in Ermangelung einer solchen seinen Wohnsitz hat (B.G.B. § 269). Der Käufer kann jedoch auch verlangen, daß ihm die Sache zugeschickt wird. Alsdann geht die Gefahr auf ihn über, sobald der Verkäufer die Sache dem Spediteur, Frachtführer oder der sonst zur Uebersendung bestimmten Anstalt übergiebt (B.G.B. § 447). Die Kosten der Uebersendung hat der Käufer zu tragen (B.G.B. § 448).

Von dem Zeitpunkt ab, von welchem an der Käufer die Nutzungen des gekauften Gegenstandes hat, muß er den Kaufpreis verzinsen, falls nicht bei Abschluß des Kaufs oder beim Uebergange der Sache auf den Käufer der Kaufpreis gestundet worden ist. In der Stundung nach Beginn der Zinspflicht liegt im Zweifel ein Erlaß derselben nicht (B.G.B. § 452). Die gesetzlichen Zinsen betragen hier, wie überall, in Zukunft 4 % (B.G.B. § 288), bei Forderungen aus beiderseitigen Handelsgeschäften jedoch 5 % (H.G.B. § 352).

Der Verkäufer haftet außer für die zugesagten Eigenschaften der verkauften Sache dafür, daß sie nicht mit Fehlern behaftet ist, welche ihren Werth oder ihre Tauglichkeit zu dem gewöhnlichen Gebrauche aufheben oder mindern. Eine unerhebliche Minderung kommt jedoch hier nicht in Betracht (B.G.B. § 459). Hat der Käufer den Mangel beim Abschlusse gekannt oder ist er ihm in Folge grober Fahrlässigkeit seinerseits unbekannt geblieben, so haftet der Verkäufer nicht, sofern er nicht etwa den Fehler arglistig verschwiegen hat (B.G.B. § 460). Der Käufer muß hiernach beim Kaufe die übliche Untersuchung der Sache vornehmen. Hat jedoch der Verkäufer die Vertrauensseligkeit des Käufers benutzt und einen ihm bekannten Mangel verschwiegen, um den Käufer zu täuschen, so bleibt er für den Mangel der Sache haftbar.

Hat die Sache einen Mangel, welchen der Käufer nach den erörterten Grundsätzen zu vertreten hat, so kann der Käufer die Rückgängigmachung des Kaufs (Wandlung) oder eine entsprechende Minderung des Kaufpreises verlangen (B.G.B. § 462). Fehlt jedoch der Sache eine ausdrücklich zugesicherte Eigenschaft oder hat der Verkäufer einen Fehler arglistig verschwiegen, so kann der Käufer anstatt der Wandlung oder Minderung auch Schadensersatz wegen Nichterfüllung verlangen (B.G.B. § 463). Nimmt der Käufer die mangelhafte Sache an, obschon er den Mangel kennt, so stehen ihm diese Ansprüche nur zu, wenn er sich seine Rechte wegen des Mangels ausdrücklich bei der Annahme vorbehält (B.G.B. § 464). Abgesehen von dem Falle der arglistigen Täuschung verjähren die Ansprüche auf Minderung und Wandlung bei beweglichen Sachen in 6 Monaten, bei Grundstücken in einem Jahre von der Uebergabe an (B.G.B. § 477).

Ist der Verkäufer mit Lieferung der gekauften Sache im Verzuge, so kann ihm der Käufer eine angemessene Frist mit der Erklärung bestimmen, daß er nach dem Ablaufe der Frist die Annahme verweigere. Nach deren Ablaufe ist er berechtigt, Schadensersatz wegen Nichterfüllung zu verlangen, oder von dem Vertrage zurückzutreten. Hat die Erfüllung des Vertrags in Folge des Verzugs für ihn kein Interesse mehr, so stehen ihm diese Rechte zu, ohne daß es der Bestimmung einer Frist bedarf (B.G.B. § 326).

War vereinbart, daß die Lieferung genau zu einer festbestimmten Zeit oder einer festbestimmten Frist bewirkt werden solle (Fixgeschäft), so ist im Zweifel anzunehmen, daß der Käufer nach Ablauf des Zeitpunkts oder der Frist zum Rücktritt berechtigt ist (B.G.B. § 361). Dies ist aber nur ein Recht und keine Verpflichtung. Der Käufer kann also auch in diesem Fall eine Frist zur Lieferung setzen und nach deren Ablauf Schadensersatz fordern. Hierbei handelt es sich übrigens nicht um besondere Vorschriften, die nur für den Verzug beim Kaufe gelten, vielmehr kommen diese Grundsätze bei allen zweiseitigen Verträgen zur Anwendung, wenn ein Theil mit der Erfüllung im Verzuge ist.

Auf Grund des Handelsgesetzbuchs gelten dann noch einige besondere Bestimmungen für den Handelskauf, nämlich den Kauf, bei welchem mindestens einer der beiden Theile Kaufmann ist und das Geschäft im Betriebe seines Handelsgewerbes schließt. In dem alten Handelsgesetzbuche waren die Bestimmungen über den Kauf erheblich zahlreicher als in dem neuen. Es kommt dies daher, daß die Vorschriften des Handelsgesetzbuches, welche in dem neuen fehlen, in das

Bürgerliche Gesetzbuch aufgenommen sind und daher in Zukunft nicht blos für den Handelskauf, sondern für jeden Kauf gelten.

Als Besonderheiten des Handelskaufs kommen jetzt noch folgende in Betracht:

Ist der Käufer mit der Annahme der Waare in Verzug, so kann der Verkäufer die Waare auf Gefahr und Kosten des Käufers in einem öffentlichen Lagerhaus oder sonst in sicherer Weise hinterlegen. Er ist ferner befugt, die Waare nach vorheriger Androhung versteigern, oder wenn sie einen Markt- oder Börsenpreis hat, freihändig verkaufen zu lassen. Ueber die zu beobachtenden Formalitäten vergl. Handelsgesetzbuch § 373. Statt dessen kann aber auch beim Handelskaufe der Käufer nach den oben erwähnten Vorschriften des Bürgerlichen Gesetzbuches verfahren (H.G.B. § 374). Ferner hat beim Fixgeschäft der Käufer nicht nur das Recht, beim Verzuge des Verkäufers ohne Androhung vom Vertrage zurückzutreten, sondern ohne solche auch statt der Erfüllung Schadensersatz wegen Nichterfüllung zu verlangen. Dagegen kann er Erfüllung nur fordern, wenn er dies sofort nach Ablauf der ursprünglich vereinbarten Frist dem Verkäufer anzeigt (H.G.B. § 376). Es handelt sich hier um Gesetzesbestimmungen, die namentlich für den Handel mit Werthpapieren von Bedeutung sind.

Für den Waarenkauf ist von großer Wichtigkeit die Vorschrift in § 377 des Handelsgesetzbuches, wonach der Käufer, wenn der Kauf beiderseits Handelsgeschäft ist, die Waare unverzüglich nach der Ablieferung zu untersuchen und, wenn sich ein Mangel zeigt, dem Käufer sofort hiervon Anzeige zu machen hat. Unterläßt er dies, so gilt die Waare als genehmigt, sofern nicht etwa der Mangel erst später erkennbar oder dem Verkäufer bekannt und von ihm arglistig verschwiegen war. Dies gilt auch dann, wann eine andere als die bedungene Waare oder eine andere Quantität geliefert ist, sofern die Lieferung von der Bestellung nicht so erheblich abweicht, daß der Verkäufer die Genehmigung des Käufers als ausgeschlossen betrachten muß (H.G.B. § 378).

Jedenfalls muß aber der Kaufmann, wenn er die ihm von einem anderen Orte zugesandte Waare beanstandet, für ihre einstweilige Aufbewahrung sorgen (H.G.B. § 379).

§ 16.
Der Miethvertrag.

Das Bürgerliche Gesetzbuch kennt als Gegenstand eines Miethvertrags nur Sachen, nicht auch Rechte und Dienste. Die nachfolgenden Erörterungen sollen auf den Miethvertrag über Wohnräume beschränkt werden.

Für den Miethvertrag ist eine bestimmte Form dann vorgesehen, wenn er über ein Jahr dauern soll. Alsdann muß er schriftlich abgeschlossen werden. Wird diese Form versäumt, so ist der Vertrag zwar nicht nichtig, er kann jedoch nach Ablauf eines Jahres von jedem Theile so gekündigt werden, als wenn er auf unbestimmte Zeit geschlossen wäre (B.G.B. § 566).

Die Verpflichtungen des Vermiethers gehen dahin, daß er dem Miether den Gebrauch der vermietheten Räume gewährt und zwar in einem gebrauchsfähigen Zustande, in welchem sie auch von ihm während der Dauer des Vertrags zu erhalten sind (B.G.B. § 536). Unterläßt er dies, so kann der Miether auf Herstellung klagen, er kann aber auch an dem Miethzins so viel in Abzug bringen, als der Verminderung der Gebrauchsfähigkeit entspricht (B.G.B. § 537). Ist ein solcher Mangel der Wohnung von Anfang an vorhanden gewesen oder im Laufe des Vertrags entstanden und trotz Aufforderung des Miethers nicht beseitigt worden, so kann der Miether Ersatz seines Schadens verlangen. Er kann aber auch den Mangel auf Kosten des Vermiethers selbst beseitigen, wenn dieser eine Aufforderung des Miethers zur Beseitigung unberücksichtigt läßt (B.G.B. § 538).

Kennt der Miether allerdings bei Abschluß des Vertrags die mangelhafte Beschaffenheit der Wohnung, ohne sich die Abstellung der Mängel vorzubehalten, so hat er diese Ansprüche nicht. Das Gleiche gilt für den Fall, daß seine Unkenntniß der Mängel auf einer groben Fahrlässigkeit seinerseits beruht, wenn er also z. B. die Wohnung vor Abschluß des Vertrags leichtsinniger Weise gar nicht besichtigt hat, ferner auch dann, wenn er die Wohnung in dem mangelhaften Zustande vorbehaltslos annimmt. Ist er jedoch hierbei getäuscht worden, so können dem Vermiether aus dieser Täuschung Vortheile nicht erwachsen (B.G.B. § 539). Selbstverständlich können hierüber auch andere Vereinbarungen getroffen werden, also dahingehend, daß der Miether die Herstellung und Unterhaltung der Räume ganz oder theilweise übernimmt. Trotz einer solchen Abmachung entfällt diese Verpflichtung des Miethers aber dann, wenn ihm der Vermiether die Mängel der Wohnung arglistig verschwiegen hat (B.G.B. § 540).

Zu diesen Rechten des Miethers kommt nun noch ein sehr wichtiges: er kann ohne Kündigung das Miethverhältniß lösen, wenn ihm der Gebrauch der Wohnung ganz oder theilweise entzogen wird und der Vermiether innerhalb einer ihm von dem Miether gesetzten angemessenen Frist keine Abhülfe schafft. Gleichgültig bleibt hierbei, wodurch ihm der Gebrauch der Wohnung entzogen wird, sofern dies nur nicht auf einem Verschulden seinerseits beruht. Namentlich kann dies geschehen durch Mängel der Wohnung, durch Rechte Dritter hieran, selbst durch zufällige Ereignisse. Aus einer nur unerheblichen Hinderung oder Vorenthaltung des Gebrauchs der Wohnung erwächst dieses Recht dem Miether jedoch nicht (B.G.B. § 542).

Besonders vorgesehen ist der Fall, daß die Benutzung der Wohnung mit einer erheblichen Gefährdung der Gesundheit verbunden ist. Alsdann kann der Miether das Miethverhältniß ohne Kündigungsfrist selbst dann lösen, wenn er die gefahrbringende Beschaffenheit der Wohnung beim Abschlusse des Vertrags kannte oder auf die Geltendmachung irgend welcher Rechte aus dieser Beschaffenheit verzichtet hat (B.G.B. § 544).

Diesen weitgehenden Rechten des Miethers steht seine Verpflichtung gegenüber, von jedem im Laufe des Vertrags hervortretenden Mangel der Wohnung sowie etwaiger Gefahr für dieselbe dem Vermiether unverzüglich Anzeige zu machen, widrigenfalls er demselben schadenersatzpflichtig wird und auf Grund des Mangels die oben erörterten Rechte nicht geltend machen kann (B.G.B. § 545).

Hat der Miether Verwendungen auf die Wohnung gemacht, die nothwendig waren, um sie vor Verschlechterung oder sonstigem Schaden zu schützen, so kann er hierfür Ersatz verlangen (B.G.B. § 547). Diese Ausgaben wie auch alle diejenigen, welche in Folge des vertragsmäßigen Gebrauchs in der Wohnung nöthig werden, fallen dem Vermiether zur Last (B.G.B. § 546). Ebenso hat derselbe endlich die auf der Wohnung ruhenden Lasten und Abgaben zu tragen, z. B. Kosten für Reinigung des Trottoirs (B.G.B. § 546).

Die Verpflichtungen des Miethers gehen vor allem auf Zahlung des Miethzinses und zwar auch dann, wenn er die Wohnung aus einem in seiner Person liegenden Grunde nicht benutzt hat. Hat jedoch der Vermiether in Folge dessen einen Vortheil gehabt, so ist derselbe auf den Miethzins aufzurechnen (B.G.B. § 552). Der Miethzins ist, wenn er nach Zeitabschnitten unter einem Vierteljahr bemessen ist (Monate, Wochen, Tage) nach Ablauf derselben zu entrichten, andernfalls nach Ablauf eines Kalendervierteljahres am ersten Werktage des nächsten Monats (B.G.B. § 551). Bleibt der Miether mit zwei aufeinanderfolgenden Terminen oder einem Theile derselben im Rückstande, so kann der Vermiether ohne Einhaltung einer Kündigungsfrist Räumung verlangen. Dieses Recht des Vermiethers entfällt, wenn der Miether vor der Kündigung, nicht aber, wenn er nach derselben Zahlung leistet (B.G.B. § 554).

Wegen seiner sämmtlichen Forderungen aus dem Miethverhältnisse hat der Vermiether ein Pfandrecht an den eingebrachten Sachen des Miethers, nicht aber an Sachen anderer Personen, also Untermiether, Kinder oder der Ehefrau, sofern die Sachen der letzteren nicht zu dem Gesammtgute gehören. Dieses Pfandrecht besteht jedoch nicht für künftige Entschädigungsforderungen, ebenso nicht für Miethzinsforderungen für eine spätere Zeit, als das laufende und das folgende Miethjahr. Wird eine dem Pfandrechte des Vermiethers unterliegende Sache gepfändet, so kann der Vermiether das Pfandrecht nicht wegen des Miethzinses für eine frühere Zeit als das letzte Jahr vor der Pfändung geltend machen (B.G.B. § 563). Endlich erstreckt es sich nicht auf die der Pfändung nicht unterworfenen Gegenstände, wobei zu berücksichtigen ist, daß der Umfang derselben durch § 811 der Civilprozeßordnung wesentlich erweitert wurde (B.G.B. § 559). Das Pfandrecht erlischt, wenn die Sachen aus der Wohnung entfernt werden, jedoch dann nicht, wenn dies ohne Wissen oder im Widerspruche des Vermiethers geschah. Einem gutgläubigen Erwerber gegenüber kann das Pfandrecht nach B.G.B. § 936 nicht geltend gemacht werden, wohl aber einem bösgläubigen gegenüber, der wußte oder den Umständen nach annehmen mußte, daß die Sache gegen Willen des Vermiethers nicht hätte weggeschafft werden dürfen. Das gleiche gilt gegenüber dem neuen Vermiether bezüglich dessen Pfandrechts an den bei ihm eingebrachten Gegenständen: ist derselbe gutgläubig, so geht sein durch das Miethverhältniß begründetes Pfandrecht dem des früheren Vermiethers vor, andernfalls aber steht es ihm nach. (B.G.B. § 1208.)

Der Vermiether kann der Entfernung der Sachen aus der Wohnung dann nicht widersprechen, wenn sie im regelmäßigen Betriebe des Geschäfts des Miethers oder den gewöhnlichen Lebensverhältnissen entsprechend erfolgt, wenn z. B. ein überflüssig gewordenes Möbelstück verkauft wird (B.G.B. § 560). In den anderen Fällen kann er die Entfernung der seinem Pfande unterliegenden Sachen auch ohne Anrufen des Gerichts verhindern und wenn der Miether auszieht, die Sachen in Besitz nehmen. Sind die Sachen ohne sein Wissen oder trotz seines Widerspruchs weggeschafft, so kann er innerhalb eines Monats von da ab, wo er Kenntniß von der Wegschaffung erhalten hat, auf Auslieferung klagen. Unterläßt er dies, so ist sein Pfandrecht erloschen (B.G.B. § 561). Der Miether kann übrigens die Geltendmachung des Pfandrechts dadurch ausschließen, daß er Sicherheit leistet. Insbesonders kann er nach seiner Wahl jede einzelne Sache von dem Pfandrechte durch Sicherheitsleistung in Höhe ihres Werthes befreien. Die Sicherheit kann auf jede in B.G.B. § 232 vorgesehene Weise geleistet werden, also nöthigenfalls auch durch Stellung eines tauglichen Bürgen.

Der Miether darf von der Wohnung nur den vertragsmäßigen Gebrauch machen. So dürfen Räumlichkeiten, die als Familienwohnung vermiethet sind, nicht als Werkstätte oder als Gastwirthschaft benutzt werden (B.G.B. § 550). Er darf weiter die Wohnung ohne Einwilligung des Vermiethers nicht in Aftermiethe geben. Verweigert aber der Vermiether diese Einwilligung ohne einen wichtigen in der Person des neuen Miethers liegenden Grund, so kann der Vermiether das Miethverhältniß unter Einhaltung der gesetzlichen Kündigungsfrist lösen (B.G.B. § 549). Der Miether hat selbstverständlich für Veränderungen und Verschlechterungen, die durch seine Schuld entstanden sind, aufzukommen. Die Ansprüche des Vermiethers hieraus verjähren in 6 Monaten nach Rückgabe der Wohnung.

Die Kündigung einer Wohnung hat auf den Schluß eines Kalendervierteljahres zu erfolgen und ist spätestens am 3. Werktage des Vierteljahres vorzunehmen. Ist jedoch der Miethzins nach Monaten oder Wochen bemessen, so kann auch auf den Schluß dieser Zeitabschnitte gekündigt werden und zwar bei Monaten spätestens am 15., bei Wochen am ersten Tage der Woche. Ist der Miethzins nach Tagen bemessen, so ist die Kündigung jeden Tag für den folgenden zulässig (B.G.B. § 565). Dies gilt für den Fall, daß keine andere Kündigungsfrist oder keine bestimmte Miethzeit verabredet, also auf unbestimmte Zeit gemiethet ist. Ist auf bestimmte Zeit gemiethet, der Miethvertrag wird aber dann fortgesetzt, ohne daß eine Endigung des Miethverhältnisses vorgesehen wird, so gilt der Vertrag auf unbestimmte Zeit verlängert, so daß jetzt ebenfalls die erörterten Kündigungsfristen gelten (B.G.B. § 568).

Wird das Haus während der Miethzeit veräußert, so tritt der Erwerber an Stelle des Vermiethers, so daß der Grundsatz gilt: Kauf bricht nicht Miethe (B.G.B. § 571). Dagegen gestattet B.G.B. § 570 dem Miether die Lösung eines für länger geschlossenen Vertrags unter Innehaltung der gesetzlichen Kündigungsfrist, wenn er als Militärperson, Beamter, Geistlicher oder Lehrer versetzt wird.

Eine Neuerung bringt § 721 der Civilprozeßordnung mit der Bestimmung, daß in einem Urtheil auf Räumung das Gericht dem Schuldner auf seinen Antrag eine den Umständen nach angemessene Frist zur Räumung zu gewähren hat. Andererseits kann der Vermiether von jetzt ab aber auch schon vor dem Tage, auf welchen gekündigt ist, auf künftige Räumung klagen (C.P.O. § 257). Allerdings kann dies zur Folge haben, daß der Vermiether die Kosten des Prozesses zu tragen hat.

Das Bürgerliche Gesetzbuch hat den Miethvertrag im Allgemeinen so gestaltet, daß der Miether besser, der Vermiether schlechter gestellt wird. Natürlich können die Parteien durch den Vertrag andere Vereinbarungen treffen. Solche Vereinbarungen unterliegen aber dem Ermessen des Richters dahin, ob sie nicht gegen die guten Sitten oder gegen Treu und Glauben verstoßen. Dies ist der Fall, „soweit der Miethvertrag unter Ausbeutung der lokalen Wohnungsnoth dem

Miether aufgezwungen wurde" (Endemann, Führer in das Studium des B.G.B. 2 S. 753, Note 2).

Für die Bauvereine erwächst aus den veränderten Umständen keine Veranlassung, den bisher eingeführten in dem Taschenbuche für Baugenossenschaften von Wohlgemuth und Dr. Schneider empfohlenen Miethvertrag Formular Nr. 29 erheblich zu ändern, nur dürfte wohl die Zahlung des Miethpreises anstatt in Vierteljahresraten in Monatsraten zu empfehlen sein, wie dies auch schon in der dort unter Formular 25 abgedruckten Wohn-Ordnung des Bau- und Sparvereins Hamburg vorgesehen ist. Weiter ist die Umzugszeit entsprechend den gesetzlichen Bestimmungen anstatt auf Ostern und Michaelis auf 1. April und 1. Oktober zu vereinbaren. Mit Rücksicht auf die Bestimmungen des ehelichen Güterrechts ist endlich darauf zu halten, daß die Ehegatten beide als Miether in den Vertrag eintreten und die Vertragsurkunde unterzeichnen. Das Formular für den Miethvertrag nebst Hausordnung befindet sich hier unter Formular Nr. 8.

Für diejenigen Vereine, welche die bei Wohlgemuth und Dr. Schneider, Taschenbuch für Baugenossenschaften unter Formular Nr. 25 abgedruckte Wohn-Ordnung eingeführt haben, sei bemerkt, daß die dort in § 3 vorgesehene Beschränkung der Unterhaltungspflicht des Vereins unter der Herrschaft des Bürgerlichen Gesetzbuches dann nicht gültig ist, wenn die Mängel gesundheitsgefährlich sind. Es dürfte sich unter diesen Umständen empfehlen, den § 3 überhaupt zu streichen.

Der dort als Formular 21 abgedruckte „Vertrag für die zur Verloosung kommenden Grundstücke" enthält Bestimmungen, die sich als Miethvertrag und andere, die sich als Vertrag auf Uebertragung des Eigenthums an dem Grundstücke darstellen. Einer Abänderung bedarf dieses Formular nicht. Sollen jedoch die Bestimmungen, welche sich auf die Uebertragung des Eigenthums beziehen, klagbar gestellt werden, so ist für den Vertrag gerichtliche oder notarielle Beurkundung nöthig (B.G.B. § 313). Da nun aber hiermit erhebliche Kosten verknüpft sind, durfte zu erwägen sein, ob das Interesse an der Klagbarkeit ein derart erhebliches ist, daß diese Kosten aufgewandt werden sollen. Die Genossenschaft wird wohl kaum in die Lage kommen, eine Klage auf Uebernahme des Eigenthums zu erheben, während die Mitglieder der Genossenschaft zu dieser das Zutrauen haben werden, daß sie ihrer Verpflichtung zur Uebertragung des Eigenthums nachkommt, ohne daß es hierzu einer Klage bedarf.

§ 17.
Die Bürgschaft.

Bereits in § 8 ist erörtert, daß nach dem Bürgerlichen Gesetzbuch für den Vertrag, durch welchen Jemand eine Bürgschaft übernimmt, schriftliche Form vorgeschrieben ist, daß mangels dieser Form der Vertrag der Gültigkeit entbehrt, daß jedoch der Bürge, welcher trotzdem Zahlung geleistet hat, das Gezahlte nicht zurückfordern kann (B.G.B. § 766). Ist die Uebernahme der Bürgschaft auf der Seite des Bürgen ein Handelsgeschäft, so ist der Bürgschaftsvertrag auch ohne schriftliche Form gültig (H.G.B. § 350). Selbstverständlich sollte aber auch in diesem Falle niemals die schriftliche Form bei den Genossenschaften verabsäumt werden, zumal nicht immer die Feststellung leicht sein wird, ob die Uebernahme der Bürgschaft als Handelsgeschäft zu erachten ist.

Rechte des Gläubigers. Für die Verpflichtung des Bürgen ist der jeweilige Bestand der Hauptverbindlichkeit maßgebend. Dies gilt insbesondere auch, wenn die Hauptverbindlichkeit, also die Hauptschuld nebst Zinsen und etwaigen Nebenforderungen, durch Verschulden oder Verzug des Hauptschuldners geändert wird. Auch haftet der Bürge für die dem Gläubiger von dem Hauptschuldner zu ersetzenden Kosten der Kündigung und der Rechtsverfolgung (B.G.B. § 767). Dagegen wird die Verpflichtung des Bürgen nicht durch Rechtsgeschäfte berührt, welche Gläubiger und Hauptschuldner nach Leistung der Bürgschaft ohne Mitwirkung des Bürgen abschließen. Vereinbaren dieselben z. B., daß der Hauptschuldner an Stelle der geschuldeten Summe einen Gegenstand liefern, etwa dem Gläubiger das Eigenthum an einem Grundstücke übertragen solle, so wird hierdurch der Bürge frei. Denn nach Abschluß dieses Vertrags kann der Gläubiger die ursprünglich geschuldete Summe nicht mehr fordern, mithin auch von dem Bürgen nicht, für die Lieferung des Grundstücks aber ist eine Haftung des Bürgen nicht entstanden.

Verbürgen sich mehrere für dieselbe Verbindlichkeit, so haften sie als **Gesammtschuldner**, auch wenn sie die Bürgschaft nicht gemeinschaftlich übernehmen (B.G.B. § 769). Die Einrede der Theilung ist also bei den nach dem 1. Januar 1900 übernommenen Bürgschaften nicht mehr zulässig und es bedarf darum bei der Verbürgung auch keines Verzichts auf dieselbe.

Besonders bemerkenswerth ist, daß den Gläubiger **keine Diligenzpflicht** mehr trifft, d. h., daß er nicht verpflichtet ist, gegen den Schuldner vorzugehen, wenn die Forderung gefährdet erscheint. Der Gläubiger kann darum auch dem Hauptschuldner unbeschränkt Ausstand ertheilen, ohne daß dies den Bürgen irgendwie entlastet. In Folge dessen kann weiter der Bürge die Bürgschaft nicht kündigen mit der Wirkung, daß der Gläubiger daraufhin die Einziehung betreiben müßte. Den Gläubiger trifft nicht einmal die Verpflichtung, die Forderung im Konkurse des Hauptschuldners anzumelden. Hierüber finden sich allerdings im Bürgerlichen Gesetzbuche keine ausdrücklichen Bestimmungen. Weil aber die Diligenzpflicht nicht ausdrücklich eingeführt ist, gilt sie als ausgeschlossen, wie dies auch in der Begründung zu dem Gesetzentwurfe ausdrücklich gesagt ist. Dem Bürgen sind hierfür, wie noch erörtert wird, andere Rechte gegeben, um sich gegen leichtsinniges oder gar treuloses Verhalten des Hauptschuldners zu schützen.

Rechte des Bürgen. Wie bisher steht dem Bürgen die **Einrede der Vorausklage** zu, d. h. er kann die Befriedigung des Gläubigers verweigern, so lange nicht der Gläubiger eine Zwangsvollstreckung gegen den Hauptschuldner versucht hat (B.G.B. § 771). Die Einrede der Vorausklage ist ausgeschlossen:

1. wenn der Bürge auf die Einrede verzichtet, insbesondere, wenn er sich als Selbstschuldner verbürgt hat;
2. wenn die Rechtsverfolgung gegen den Hauptschuldner in Folge einer nach der Uebernahme der Bürgschaft eingetretenen Aenderung des Wohnsitzes der gewerblichen Niederlassung oder des Aufenthaltsorts des Hauptschuldners wesentlich erschwert ist;
3. wenn über das Vermögen des Hauptschuldners der Konkurs eröffnet ist;

4. wenn anzunehmen ist, daß die Zwangsvollstreckung in das Vermögen des Hauptschuldners nicht zur Befriedigung des Gläubigers führen wird (B.G.B. § 773).

Der letzte Fall wird namentlich dann vorliegen, wenn bereits anderweit eine Zwangsvollstreckung vergeblich in das Vermögen des Hauptschuldners versucht ist oder die Mittellosigkeit desselben in anderer Weise dargethan werden kann.

Zur Sicherung des Bürgen dient es weiter, daß er die dem Hauptschuldner zustehenden Einreden geltend machen kann und daß ihn hierbei auch ein Verzicht des Hauptschuldners nicht beschränkt (B.G.B. § 768). Ist z. B. dem Hauptschuldner die Schuld erlassen worden, so kann sich der Bürge hierauf berufen, selbst wenn der Hauptschuldner diese Einrede nicht geltend machen will oder sich gar dem Hauptschuldner gegenüber nachträglich verpflichtet hat, die Einrede des Erlasses nicht vorzuschützen.

Nicht berufen kann sich der Bürge darauf:

a) daß der Erbe nach dem Tode des Hauptschuldners nur beschränkt haftet (B.G.B. § 768) und

b) daß dem Hauptschuldner im Wege des Zwangsvergleichs ein Theil seiner Schuld erlassen worden ist.

Wesentlich verschieden von dem vorigen Falle, in welchem dem Hauptschuldner eine Einrede gegen die Verbindlichkeit zusteht, ist der, in welchem der Hauptschuldner das der Verbindlichkeit zu Grunde liegende Rechtsgeschäft anfechten kann, z. B. weil er sich bei dessen Abschlusse in einem Irrthum befand. Alsdann kann der Bürge nicht selbst diese Anfechtung vornehmen, sondern muß dies dem Hauptschuldner überlassen. Wohl aber kann er die Zahlung verweigern, bis der Hauptschuldner die Erklärung abgegeben hat, daß er auf die Anfechtung verzichtet. Ficht dagegen der Hauptschuldner das Geschäft mit Erfolg an, so wird auch der Bürge von seiner Verbindlichkeit frei (B.G.B. § 770).

In gleicher Weise kann der Bürge die Zahlung weigern, so lange sich der Hauptschuldner durch Aufrechnung gegen eine fällige Forderung befriedigen kann (B.G.B. § 770 Abs. 2). Eine solche Forderung ist das Geschäftsguthaben des Schuldners natürlich nicht und es stehen den Bürgen hieran keinerlei Rechte zu, sofern nicht etwa der Schuldner aus der Genossenschaft ausgeschieden und die Bilanz festgestellt ist. Aber auch in diesem Falle muß die Genossenschaft für berechtigt erachtet werden, etwaige andere Forderungen an den Schuldner zuerst zur Aufrechnung zu bringen, da eine Forderung des Schuldners an die Genossenschaft nur in soweit vorliegt, als diese nicht Forderungen an ihn hat. Uebrigens ist auch die Genossenschaft selbst nicht zu einer Aufrechnung des Geschäftsguthabens befugt, so lange der Schuldner noch Mitglied ist. Um diese Aufrechnung zu ermöglichen, muß sie vor allem das Ausscheiden des Schuldners herbeiführen und hierzu werden die Statuten einem Mitgliede gegenüber, das seinen Verpflichtungen nicht nachkommt, gewiß Handhaben bieten.

Soweit der Bürge den Gläubiger befriedigt, geht die Forderung des Gläubigers gegen den Hauptschuldner auf ihn über, ohne daß es hierzu irgend einer Mitwirkung des Gläubigers, insbesondere einer Cession bedarf (B.G.B. § 774). Mit der Forderung gehen auch alle Nebenrechte, z. B. ein für die Forderung bestehendes Pfandrecht über. Bei alle dem gilt nur die Beschränkung, daß der Uebergang nicht zum Nachtheile des Gläubigers geltend gemacht werden kann. Besteht z. B. für die Forderung ein Pfand und die Forderung wird von dem Bürgen zum Theile bezahlt und damit auch zum Theile erworben, so geht das Pfandrecht für den nicht bezahlten Theil der Forderung demjenigen vor, welches der Bürge mit der Theilforderung erworben hat.

Sind für die Forderung mehrere Bürgen eingetreten, so kann, wie oben erörtert, der Gläubiger jeden auf Zahlung der ganzen Forderung in Anspruch nehmen. Untereinander aber haben sie den Schaden gemeinsam zu tragen, so daß derjenige von ihnen, der mehr als sein Kopftheil bezahlt hat, von den anderen entsprechenden Ersatz verlangen kann (B.G.B. § 426). Fällt einer von ihnen aus, etwa durch Zahlungsunfähigkeit, so vergrößert sich entsprechend der Antheil der übrigen.

Zum Ersatze dafür, daß dem Gläubiger keine Diligenzpflicht in Beitreibung der Forderung auferlegt ist, giebt das Bürgerliche Gesetzbuch dem Bürgen ein weitgehendes Recht, sich selbst gegen Schaden zu wahren. Der Bürge kann nämlich selbst gegen den Hauptschuldner auf Befreiung klagen,

1. wenn sich die Verhältnisse des Hauptschuldners wesentlich verschlechtert haben,
2. wenn die Rechtsverfolgung gegen den Hauptschuldner aus bestimmten Gründen wesentlich erschwert ist,
3. wenn der Hauptschuldner mit der Erfüllung seiner Verbindlichkeit im Verzug ist,
4. wenn der Gläubiger gegen den Bürgen ein vollstreckbares Urtheil auf Erfüllung erwirkt hat (B.G.B. § 775).

In diesen Fällen kann also der Bürge selbst von dem Hauptschuldner die geschuldete Summe beitreiben und zur Tilgung der Hauptschuld verwenden.

Sehr zu beachten ist die Bestimmung in § 776: Giebt der Gläubiger ein mit der Forderung verbundenes Vorzugsrecht, eine für sie bestehende Hypothek, ein für sie bestehendes Pfandrecht oder das Recht gegen einen Mitbürgen auf, so wird der Bürge insoweit frei, als er aus dem aufgegebenen Rechte nach § 774 hätte Ersatz verlangen können. Dies gilt auch dann, wenn das aufgegebene Recht erst nach der Uebernahme der Bürgschaft entstanden ist.

Hat also der Gläubiger neben der Bürgschaft noch ein Pfand- oder Zurückbehaltungsrecht, so muß er zuerst dieses geltend machen und darf es nicht ohne Weiteres aufgeben.

Als Aufgabe eines Pfandrechts ist es auch anzusehen, wenn der Gläubiger den Erlös des Pfandes zur Deckung einer anderen Forderung an den Hauptschuldner, für die es nicht bestellt war oder erst nach der Bürgschaftsleistung bestellt wurde, verwendet. Zu derartigen Abmachungen sind darum stets die Bürgen zuzuziehen, widrigenfalls sie ihnen gegenüber wirkungslos sind.

Das Bürgerliche Gesetzbuch kennt eine **Bürgschaft auf bestimmte Zeit** und zwar mit der Besonderheit, daß der Bürge nach Ablauf der Zeit frei wird, wenn der Gläubiger die Einziehung nicht unverzüglich betreibt (B.G.B. § 777). Die bei den Genossenschaften übliche Bürgschaft ist keinenfalls als eine solche anzusehen. Insbesondere gilt dies auch für den Fall, daß der Vorschuß, für welchen die Bürgschaft geleistet ist, nur auf bestimmte Zeit gegeben wurde. Trotzdem werden manche Bürgen versuchen, von der Bestimmung in

§ 777 Gebrauch zu machen, um sich ihrer Verpflichtung zu entziehen. Hierdurch werden sie den Vereinen und sich selbst Kosten verursachen. Es empfiehlt sich darum, in die Bürgschaftsurkunde eine Erklärung aufzunehmen, welche jedes Mißverständniß hierüber ausschließt, etwa dahin: Ich erkenne ausdrücklich an, daß die Bürgschaft nicht auf bestimmte Zeit im Sinne von § 777 des Bürgerlichen Gesetzbuchs geleistet sein soll und also die Bestimmungen dieses § 777 auf sie keine Anwendung finden (vergl. Anlage, Formular Nr. 1).

Zum Schlusse sei noch hervorgehoben, daß alle diese Bestimmungen des Bürgerlichen Gesetzbuchs über die Bürgschaft dann nicht anwendbar sind, wenn die Verpflichtung des Bürgen wechselmäßig erfolgt. In diesem Falle findet wie bisher lediglich die Wechselordnung Anwendung.

III. Das Pfandrecht.

§ 18.

Begründung des Pfandrechts.

Das Pfandrecht ist die Belastung beweglicher Sachen oder Rechte zur Sicherung einer Forderung in der Weise, daß der Gläubiger berechtigt ist, aus diesen Sachen oder Rechten seine Befriedigung zu suchen. Auch Grundstücke können in dieser Weise belastet werden, dann aber spricht das Bürgerliche Gesetzbuch von Hypothek, Grundschuld oder Rentenschuld und es kommen andere Grundsätze zur Anwendung als die für das Pfandrecht an Mobilien und Rechten.

Zur Begründung eines Pfandrechts an einer beweglichen Sache ist, abgesehen von den hier nicht in Betracht kommenden Fällen des gesetzlichen Pfandrechts, erforderlich, daß der Eigenthümer die Sache dem Gläubiger übergiebt und beide darüber einig sind, daß dem Gläubiger das Pfandrecht zustehen soll, also Uebergabe und Vertrag (B.G.B. § 1205). Ist der Gläubiger bereits im Besitze der Sache, so genügt die Einigung über die Entstehung des Pfandrechts. Die Uebergabe einer im mittelbaren Besitze des Eigenthümers befindlichen Sache kann dadurch ersetzt werden, daß der Eigenthümer den mittelbaren Besitz auf den Pfandgläubiger überträgt und die Verpfändung dem Besitzer anzeigt (B.G.B. § 1205 Abs. 2). Dieser Fall liegt

z. B. dann vor, wenn die Sache schon an einen Anderen verpfändet oder vermiethet ist.

Der gewöhnliche Fall ist der, daß der Eigenthümer die Sache für eine eigene Schuld verpfändet. Verpfändet er seine Sache für eine fremde Schuld, so kommt er damit in die gleiche Stellung wie der Bürge und kann dieselben Einreden wie dieser geltend machen (B.G.B. § 1211 vergl. oben § 17), nur nicht die der Vorausklage. Ebenso geht, falls er Zahlung an den Gläubiger leistet, die Forderung ohne Weiteres auf ihn über, natürlich aber auch hier nicht zum Nachtheile des Gläubigers (B.G.B. § 1225).

Schwierigkeiten kann wie bisher auch in Zukunft der Fall bereiten, daß die Verpfändung durch einen Nichteigenthümer erfolgt, also durch Jemand, der sich für den Eigenthümer ausgiebt, ohne es zu sein. Alsdann entsteht an Inhaberpapieren stets ein Pfandrecht, sofern sich der Gläubiger in gutem Glauben befindet, an anderen Sachen trotz des guten Glaubens aber nur dann, wenn sie dem Eigenthümer nicht gestohlen worden, verloren gegangen oder sonst abhanden gekommen waren (B.G.B. § 1208). Nicht im guten Glauben ist der Gläubiger, wenn ihm bekannt oder in Folge grober Fahrlässigkeit unbekannt ist, daß die Sache nicht dem Verpfänder gehört (B.G.B. § 932). Für Kaufleute, welche Bankiergeschäfte betreiben, also auch für die Kreditvereine ist jedoch eine besondere Verpflichtung durch Art. 367 des Handelsgesetzbuchs eingeführt. Art. 367 lautet:

> Wird ein Inhaberpapier, das dem Eigenthümer gestohlen worden, verloren gegangen oder sonst abhanden gekommen ist, an einen Kaufmann, der Bankier- oder Geldwechslergeschäfte betreibt, veräußert oder verpfändet, so gilt dessen guter Glaube als ausgeschlossen, wenn zur Zeit der Veräußerung oder Verpfändung der Verlust des Papiers von einer öffentlichen Behörde oder von dem aus der Urkunde Verpflichteten im Deutschen Reichsanzeiger bekannt gemacht und seit dem Ablaufe des Jahres, in welchem die Veröffentlichung erfolgt ist, nicht mehr als ein Jahr verstrichen war.
>
> Der gute Glaube des Erwerbers wird durch die Veröffentlichung im Deutschen Reichsanzeiger nicht ausgeschlossen, wenn

der Erwerber die Veröffentlichung in Folge besonderer Umstände weder kannte noch kennen mußte.

Auf Zins-, Renten- und Gewinnantheilscheine, die nicht später als in dem nächsten auf die Veräußerung oder Verpfändung folgenden Einlösungstermine fällig werden, sowie auf Banknoten und andere auf Sicht zahlbare unverzinsliche Inhaberpapiere finden diese Vorschriften keine Anwendung.

Diese Bestimmungen bedürfen Seitens unserer Vereine einer sehr sorgsamen Beachtung. Soweit die Vereine nicht selbst in der Lage sind, die aufgebotenen Papiere zu kontrolliren, empfiehlt es sich, dies durch das Bankhaus machen zu lassen, mit welchem sie in geschäftlicher Verbindung stehen.[1]) Alsdann sollte für kein gekauftes Werthpapier der Kaufpreis, für kein verpfändetes der Vorschuß ausgezahlt werden, bis festgestellt wurde, daß das Papier nicht aufgeboten ist.

§ 19.
Umfang und Erlöschen des Pfandrechts.

Das Pfandrecht erstreckt sich auf die Erzeugnisse, die von dem Pfande getrennt werden (B.G.B. § 1212). Auf die zu einem verpfändeten Werthpapiere gehörenden Zins-, Renten- oder Gewinnantheilscheine erstreckt es sich nur dann, wenn sie dem Pfandgläubiger mit übergeben sind (B.G.B. § 1296). Es ist darum streng darauf zu halten, daß Werthpapiere ohne diese Scheine nicht in Pfand genommen werden. Werden übergebene und also mitverpfändete Scheine fällig, bevor die Voraussetzungen zum Verkaufe des Pfandes eingetreten sind, so müssen die fälligen Scheine dem Verpfänder auf Verlangen herausgegeben werden. Es kann jedoch auch vereinbart werden, daß der Erlös der Scheine auf die Forderung verrechnet wird (B.G.B. § 1296).

Das Pfand haftet für die Forderung in deren jeweiligem Bestand, insbesondere für Zinsen und Vertragsstrafen, für Verwendungen

[1]) Die für unsre Kreditgenossenschaften doch wohl in erster Linie in Betracht kommende Deutsche Genossenschaftsbank von Soergel, Parrisius & Comp. hat sich auf Anfrage des Verfassers bereit erklärt, diese Kontrolle gegen eine kleine Provision zu übernehmen. Die Berechnung einer Provision erscheint gerechtfertigt, da mit dieser Kontrolle nicht nur Arbeit, sondern auch eine sehr erhebliche Verantwortlichkeit verbunden ist.

auf das Pfand, für die Kosten der Kündigung, der Rechtsverfolgung und des Verkaufs. Ist der persönliche Schuldner nicht der Eigenthümer des Pfandes, so wird jedoch durch ein Rechtsgeschäft, das der Schuldner nach der Verpfändung vornimmt, z. B. Vereinbarung eines höheren Zinssatzes, die Haftung nicht erweitert (B.G.B. § 1210). Zu solchen Geschäften ist darum der Eigenthümer des Pfandes zuzuziehen.

Abgesehen von dem Falle der Verwerthung des Pfandes durch den Gläubiger, der unten (§ 22) besonders zu erörtern ist, erlischt das Pfandrecht zunächst durch Erlöschen der Forderung, für die es bestellt ist (B.G.B. § 1252). Mit Zahlung der Forderung kann daher der Schuldner die Rückgabe des Pfandes verlangen und der Gläubiger hat kein Recht, es für eine andere Forderung, die er etwa noch an den Schuldner hat, zurückzuhalten. Eine Ausnahme macht auf Grund von § 369 des Handelsgesetzbuchs nur der Fall, wenn der Eigenthümer des Pfandes Kaufmann ist und die Genossenschaft an ihn eine Forderung aus mit ihm geschlossenen beiderseitigen Handelsgeschäften hat. Alsdann hat sie an dem Pfande ein Zurückbehaltungsrecht, wenn die Verpfändung Handelsgeschäft war und das Pfand mit Willen des Eigenthümers in den Besitz der Genossenschaft gekommen ist. Aber auch hier entfällt das Zurückbehaltungsrecht, wenn sich die Genossenschaft vor oder bei der Uebergabe verpflichtet hat, mit dem Pfande nach Bezahlung der Schuld in bestimmter Weise zu verfahren, also insbesondere, es zurückzugeben. Vielfach enthalten die Pfandurkunden der Kreditvereine die Bestimmung, daß das Pfand auch für alle anderen Forderungen haften solle, welche der Verein an den Schuldner hat oder noch erlangen sollte. Es würde hier zu weit führen, zu erörtern, ob diese Bestimmung nach dem Bürgerlichen Gesetzbuch gültig ist. Jedenfalls empfiehlt es sich aber dringend, derselben keinen zu großen Werth beizumessen.

Eine Ausnahme von der Regel, daß das Pfandrecht mit der Forderung endigt, macht der Fall, daß die Forderung durch Verjährung erlischt. Alsdann besteht das Pfandrecht weiter, so daß es also auch für eine verjährte Forderung ausgeübt werden kann (B.G.B. § 223). Weiter erlischt das Pfandrecht, wenn der Pfandgläubiger das Pfand dem Verpfänder oder dem Eigenthümer zurückgiebt.

Der Vorbehalt der Fortdauer des Pfandrechts ist unwirksam (B.G.B. § 1253). Dies macht insbesondere erforderlich, daß neue Zinsscheine verpfändeter Werthpapiere stets durch den Gläubiger und nicht durch den Verpfänder eingezogen werden, da auch eine Rückgabe der Papiere zu diesem Zweck das Pfandrecht zum Erlöschen bringt.

§ 20.
Pfandrecht an Forderungen.

Wenn hier von dem Pfandrechte an Forderungen geredet wird, so sei vorerst bemerkt, daß Forderungen aus Inhaberpapieren nicht hierin inbegriffen sind. Für das Pfandrecht an Inhaberpapieren gelten lediglich die Vorschriften über das Pfandrecht an beweglichen Sachen (B.G.B. § 1293). Auch Forderungen aus Wechseln und anderen Papieren, welche durch Indossament übertragen werden können, scheiden hier aus. Bei diesen genügt zur Verpfändung die Einigung des Gläubigers mit dem Pfandschuldner und die Uebergabe des indossirten Papiers (B.G.B. § 1292). Endlich scheidet zunächst hier auch die Verpfändung von Hypothekenforderungen aus, da sie unten besonders erörtert wird.

Zur Verpfändung einer Forderung ist außer der Einigung zwischen dem Gläubiger und dem Pfandgläubiger erforderlich, daß der Gläubiger dem Drittschuldner die Verpfändung anzeigt (B.G.B. § 1280). Gläubiger ist hier derjenige, welcher eine ihm zustehende Forderung verpfändet, Pfandgläubiger der, welchem sie verpfändet wird und Drittschuldner, wer aus der verpfändeten Forderung Zahlung zu leisten hat. Um die Darstellung anschaulicher zu machen, seien der Gläubiger mit A, der Pfandgläubiger mit B und der Drittschuldner mit C bezeichnet. Wird die verpfändete Forderung fällig, bevor der Pfandgläubiger B zur Einziehung derselben berechtigt ist, so muß der Drittschuldner C an seinen Gläubiger A und den Pfandgläubiger B gemeinsam Zahlung leisten. Einigen sich A und B nicht darüber, wie es mit dem Gelde gehalten werden soll, so kann jeder von ihnen verlangen, daß C das Geld für beide hinterlegt. Handelt es sich bei der Leistung nicht um Geld, sondern um eine Sache, die sich nicht zur Hinterlegung eignet, so ist dieselbe von C an einen gerichtlich zu bestellenden Verwahrer abzuliefern

(B.G.B. § 1281). Eine Kündigung kann der Gläubiger A auch ohne Zustimmung des Pfandgläubigers B vornehmen, sofern nicht etwa der Pfandgläubiger B zur Einziehung der Nutzungen berechtigt ist. Die Kündigung des Schuldners C hat an den Pfandgläubiger B und den Gläubiger A zu erfolgen (B.G.B. § 1283). Hierüber können jedoch zwischen Gläubiger A und Pfandgläubiger B auch andere Vereinbarungen getroffen werden (B.G.B. § 1284). Unter allen Umständen haben sich Gläubiger A und Pfandgläubiger B gegenseitig zu unterstützen und hat jeder nicht nur das eigene Interesse, sondern auch das des anderen Theils zu wahren.

Das Pfandrecht an einer Forderung erstreckt sich auch auf die Zinsen. Zur Einziehung derselben ist jedoch der Gläubiger A so lange befugt, als der Pfandgläubiger B nicht die Beschlagnahme vorgenommen hat. Diese erfolgt durch eine einfache Anzeige des Pfandgläubigers B an den Drittschuldner C, daß er aus den Zinsen seine Befriedigung sucht. Hat der Gläubiger A vorher über die Zinsen verfügt, z. B. durch Cession, so ist diese Verfügung insoweit gültig, als sie die Zinsen des laufenden und des folgenden Kalendervierteljahrs betrifft.

Ist seit der Fälligkeit der Zinsen ein Jahr verstrichen, ohne daß der Pfandgläubiger B dem Drittschuldner C angezeigt hat, er werde von seinem Einziehungsrecht Gebrauch machen, so werden die Zinsen von der Haftung frei (B.G.B. § 1289). Hat also z. B. ein anderer Gläubiger des A Pfändung in die Zinsforderung erwirkt, so geht nach Ablauf eines Jahres sein Recht dem des B vor oder ist vielmehr an dessen Stelle getreten.

Besondere Vorsicht ist bei der Verpfändung von Lebensversicherungspolicen oder richtiger der Forderungen aus solchen anzuwenden.

Zunächst ist zu beachten, daß die Police kein Inhaberpapier und daher die Benachrichtigung der Gesellschaft von der Verpfändung unbedingt erforderlich ist. Oft aber haben die Gesellschaften für die Verpfändung noch besondere Formen vorgeschrieben, z. B. notarielle Beurkundung. Niemals sollte darum die Auszahlung eines Vorschusses auf die Verpfändung einer Police hin erfolgen, ohne daß sich der Geldgeber überzeugt hat, daß die Verpfändung in Ordnung ist. (Vergl. übrigens Dr. Crüger, Vorschuß- und Kreditvereine als Volksbanken S. 193.)

Auch Sparkassenbücher sind keine Inhaberpapiere und ist darum zur Verpfändung von Forderungen aus solchen ebenfalls die Benachrichtigung des Gläubigers nöthig. Jedoch genügt diese nicht allein, vielmehr muß auch die Uebergabe des Buchs hinzukommen, da sich die Sparkasse in den Bedingungen vorbehält, an jeden Inhaber auch ohne Prüfung von dessen Legitimation Zahlung zu leisten. Ueberhaupt empfiehlt es sich dringend, daß vom Gläubiger bei Verpfändung einer Forderung auf Uebergabe der darüber ausgestellten Urkunde bestanden wird, wie dieselbe auch im Bürgerlichen Gesetzbuch § 402 demjenigen zur Pflicht gemacht wird, der eine Forderung cedirt.

Verpfändung von Hypothekenforderungen. Die Verpfändung einer Hypothekenforderung vollzieht sich in den gleichen Formen wie deren Abtretung. Es ist darum schriftliche Form und Uebergabe des Hypothekenbriefs erforderlich, doch kann die schriftliche Form der Abtretungserklärung dadurch ersetzt werden, daß die Abtretung in das Grundbuch eingetragen wird (B.G.B. § 1154). Ist die Ertheilung eines Hypothekenbriefs ausgeschlossen, so ist zur Rechtsgültigkeit der Verpfändung der Eintrag in das Grundbuch erforderlich (B.G.B. § 1154 Abs. 3 und § 873).

Die Beglaubigung ist zur Gültigkeit der Verpfändung nicht erforderlich, wohl aber ist sie nöthig, wenn die Verpfändung in das Grundbuch eingetragen werden soll. Dann kann sie allerdings auch nachträglich erfolgen. Weigert der Verpfänder aber jetzt die Beglaubigung oder ist er gestorben, so wird dieselbe nur mit Zeitverlust im Klageweg von ihm oder nach längeren Verhandlungen von seinen Erben zu erlangen sein. Es erhöht daher die Sicherheit des Pfandnehmers, wenn sie gleich erfolgt. Handelt es sich allerdings nur um Verpfändung auf kurze Zeit, ohne daß Schwierigkeiten zu befürchten sind, so lassen sich die Kosten der Beglaubigung auch sparen. Hier sei noch bemerkt, daß, falls nichts anderes verabredet ist, nach B.G.B. § 1154 der Verpfänder die Kosten der Beglaubigung zu tragen hat, während dieselben bei Cession einer nicht durch Hypothek gesicherten Forderung nach B.G.B. § 403 dem Erwerber der Forderung zur Last fallen. Ob die Beglaubigung nöthig ist, muß nach der

Lage des einzelnen Falles entschieden werden. Handelt es sich um eine dauernde Unterlage für den gesammten Geschäftsverkehr oder werden entfernter liegende Grundstücke von der Hypothek betroffen, so ist dringend rathsam, nicht nur die Beglaubigung der Unterschriften zu verlangen, sondern auch die Eintragung in das Grundbuch vorzunehmen.

Auf die Grundschuld finden diese Grundsätze entsprechende Anwendung (B.G.B. § 1192). Ist jedoch die Grundschuld nicht auf Namen, sondern auf den Inhaber ausgestellt, so wird sie wie Inhaberpapiere verpfändet (B.G.B. § 1195).

Unzulässig ist in Zukunft im Gegensatze zu dem Preußischen Rechte die Blankocession von Grundschulden.

Wegen der Formulare siehe unten § 23.

§ 21.

Hypothekarisches Pfandrecht.

Nicht zu verwechseln mit dem Pfandrecht an einer Hypothekenforderung ist das hypothekarische Pfandrecht, die Hypothek. Die Hypothek ist die Belastung eines Grundstücks, der zu Folge eine bestimmte Geldsumme aus dem Grundstück zur Befriedigung einer Forderung an den Gläubiger zu zahlen ist. Dort ist also eine Forderung, hier ein Grundstück Gegenstand der Belastung.

Hier seien einige Bemerkungen über das „Grundbuch" eingefügt, die zu dem Verständniß der späteren Ausführungen beitragen werden. Das Grundbuch ist schon jetzt in einem großen Theile Deutschlands in Geltung, es wird nunmehr einheitlich für ganz Deutschland eingeführt.

Die für das Reichsgrundbuchrecht (Bürgerliches Gesetzbuch und Reichsgrundbuchordnung vom 24. März 1897) maßgebenden Grundsätze sind die folgenden (vergl. Strecker: Die allgemeinen Vorschriften des Bürgerlichen Gesetzbuches über Rechte an Grundstücken).

1. Das Eintragungsprinzip: Entstehung und Aufhebung der Rechte an Grundstücken ist von der Eintragung und Löschung in die öffentlichen Bücher abhängig.
2. Das materielle Konsensprinzip: Die Uebereinstimmung der Betheiligten in Verbindung mit der Eintragung vermittelt den Uebergang der dinglichen Rechte an Grundstücken.

3. Das Prioritätsprinzip: Ueber den Rang der eingetragenen Rechte entscheidet die Reihenfolge und bei Rechten, die in verschiedenen Abtheilungen des Grundbuchblatts verzeichnet sind, das Datum der Eintragung.
4. Der Grundsatz des öffentlichen Glaubens: Der Inhalt des Grundbuchs gilt zu Gunsten eines redlichen Dritten als richtig, wenn er auch mit der wirklichen Rechtslage in Widerspruch steht.
5. Der Grundsatz der Oeffentlichkeit: Die Grundbücher stehen allen Interessenten zur Einsicht offen.
6. Die formelle Seite des Konsensprinzips: Die Bewilligung des leidenden Theils ist zu einer Eintragung in das Grundbuch erforderlich und ausreichend — es genügt die einseitige Bewilligung des durch die Eintragung verlierenden Berechtigten.
7. Das Legalitätsprinzip: Das Grundbuchamt ist verpflichtet, die Rechtsgiltigkeit der vollzogenen Auflassung, Eintragungs- und Löschungsbewilligung nach Form und Inhalt zu prüfen.
8. Das Spezialitätsprinzip: Grundstücke und Rechte, die von einer Eintragung betroffen werden, sowie der Inhalt der eingetragenen Rechte müssen bestimmt bezeichnet werden.

Es stellt B.G.B. § 873 den Grundsatz auf:

„Zur Uebertragung des Eigenthumes an einem Grundstücke, zur Belastung eines Grundstücks mit einem Rechte, sowie zur Uebertragung oder Belastung eines solchen Rechts ist die Einigung des berechtigten und des anderen Theiles über den Eintritt der Rechtsänderung und die Eintragung der Rechtsänderung in das Grundbuch erforderlich, soweit nicht das Gesetz ein Anderes vorschreibt."

Eine Ausnahme enthält das Bürgerliche Gesetzbuch § 1154, der von der Abtretung von Hypothekenforderungen handelt und daher ganz besonders für Genossenschaften in Betracht kommt. Es lautet § 1154 Abs. 1: „Zur Abtretung der Forderung ist Ertheilung der Abtretungserklärung in schriftlicher Form und Uebergabe des Hypothekenbriefes erforderlich."

Nur wenn die Ertheilung eines Hypothekenbriefes ausgeschlossen ist (Buchhypothek), findet der oben mitgetheilte § 873 für die Abtretung Anwendung, der in Abs. 2 bestimmt:

„Vor der Eintragung sind die Betheiligten an die Einigung nur gebunden, wenn die Erklärungen gerichtlich oder notariell beurkundet oder wenn sie vor dem Grundbuchamt abgegeben oder bei diesem eingereicht sind oder wenn der Berechtigte dem andern Theile eine den Vorschriften der Grundbuchordnung entsprechende Eintragungsbewilligung ausgehändigt hat."

Dies gilt also für Hypotheken ohne Hypothekenbrief; ist ein solcher ausgestellt, so genügt für die Abtretung (Verpfändung) schriftliche Erklärung und Uebergabe des Briefes.

Das Gleiche gilt für Grundschulden (B.G.B. § 1192). Nur bei auf den Inhaber bestellten Grundschulden erfolgt die Uebertragung durch Uebergabe des Briefes, der als Inhaberpapier angesehen wird.

Ist die Forderung, für welche die Hypothek bestellt ist, nicht zur Entstehung gelangt, so steht die Hypothek dem Eigenthümer zu; erlischt die Forderung, so erwirbt der Eigenthümer die Hypothek (B.G.B. § 1163 Eigenthümer-Hypothek).

„Eine Hypothek kann in der Weise bestellt werden, daß das Recht des Gläubigers aus der Hypothek sich nur nach der Forderung bestimmt und der Gläubiger sich zum Beweise der Forderung nicht auf die Eintragung berufen kann (Sicherungshypothek)." B.G.B. § 1184.

„Eine Sicherungshypothek kann in eine gewöhnliche Hypothek, eine gewöhnliche in eine Sicherungshypothek umgewandelt werden." (B.G.B. § 1186).

Endlich: „Eine Hypothek kann in der Weise bestellt werden, daß nur der Höchstbetrag, bis zu dem das Grundstück haften soll, bestimmt, im Uebrigen die Feststellung der Forderung vorbehalten wird. Der Höchstbetrag muß in das Grundbuch eingetragen werden. . . . . . . Die Hypothek gilt als Sicherungshypothek, auch wenn sie im Grundbuch nicht als solche bezeichnet ist" (B.G.B. § 1190).

Eine Hypothek erfordert den Eintrag in das Grundbuch, wobei Geldbetrag, Zinssatz und etwaige Nebenleistungen der Forderung anzugeben sind (B.G.B. § 1115). Ueber die Hypothek wird ein

Hypothekenbrief ausgestellt (B.G.B. § 1116). Zwar kennt das Bürgerliche Gesetzbuch, wie vorstehend dargelegt ist, auch Hypotheken ohne Hypothekenbriefe, sogenannte Buchhypotheken im Gegensatze zu Briefhypotheken, der Geschäftsgang in unseren Vereinen macht es denselben jedoch rathsam, stets auf der Ausstellung eines Hypothekenbriefs zu bestehen und vor dessen Uebergabe keine Auszahlung vorzunehmen, da der Gläubiger die Briefhypothek erst mit der Uebergabe des Hypothekenbriefs erwirkt (B.G.B. § 1117).

Eine besondere Art der Hypotheken ist die erwähnte Sicherungshypothek. Bei dieser bestimmt sich das Recht des Gläubigers nach der Forderung, welche er zur Zeit der Geltendmachung an den Schuldner hat. Hier wird bei Errichtung der Hypothek eine Schuld noch nicht bestehen, Gläubiger und Schuldner treten jedoch in ein Verhältniß, aus welchem möglicher Weise eine Forderung des Gläubigers erwächst, wenn z. B. der Gläubiger für den Schuldner Bürgschaft leistet und sich gegen etwaige Zahlungsverbindlichkeiten aus dieser Bürgschaft sichern will. Deshalb muß der Gläubiger auch bei Geltendmachung der Hypothek den Nachweis führen, wie hoch seine Forderung ist. Ein Hypothekenbrief wird bei der Sicherungshypothek nicht ausgestellt (B.G.B. § 1189). Die Sicherungshypothek, welche bisher nicht in allen Theilen Deutschlands zulässig war, findet bei unseren Vereinen namentlich Anwendung zur Sicherstellung von Kontokurrent- und Diskont-Kredit, soweit sich überhaupt Immobiliarsicherstellung für uns empfiehlt.

Eine besondere Art der Sicherungshypothek ist die Zwangshypothek. Dieselbe wird ohne Mitwirkung des Schuldners auf dem Wege der Zwangsvollstreckung begründet. Wer nämlich einen vollstreckbaren Schuldtitel erwirkt hat, kann verlangen, daß die Schuld als Hypothek in das Grundbuch auf das Immobiliarvermögen des Schuldners eingetragen wird. Der Eintrag erfolgt auf Antrag des Gläubigers bei dem Grundbuchamte, in dessen Bezirk die Grundstücke liegen. Auf Grund eines Vollstreckungsbefehls, also eines Schuldtitels, der im Mahnverfahren erwirkt ist, findet der Eintrag nicht statt. Auch andere Schuldtitel sind hier ausgeschlossen, wenn die Forderung den Betrag von Mark 300 nicht übersteigt (C.P.O. §§ 866—868).

Mit dem Grundstück haften für die Hypothekenforderung die **Früchte** desselben, sofern sie nicht mit der Trennung in das Eigenthum eines Anderen als des Eigenthümers des Grundstücks, insbesondere des Pächters, gelangt sind, ebenso auch das dem Eigenthümer des Grundstücks gehörige Zubehör desselben (B.G.B. § 1120).

Als **Zubehör** gelten namentlich:

1. bei einem Gebäude, das für einen gewerblichen Betrieb dauernd eingerichtet ist, die zum Betriebe bestimmten Maschinen und sonstigen Geräthschaften;
2. bei einem Landgute das zum Wirthschaftsbetriebe bestimmte Geräth und Vieh, die landwirthschaftlichen Erzeugnisse, soweit sie zur Fortführung der Wirthschaft bis zu der Zeit erforderlich sind, zu welcher gleiche oder ähnliche Erzeugnisse voraussichtlich gewonnen werden, sowie der vorhandene auf dem Gute gewonnene Dünger (B.G.B. § 98).

Alle diese Zubehörstücke kann daher der Hypothekargläubiger in Anspruch nehmen und kann namentlich auch verlangen, daß sie ihm durch die Mobiliarzwangsvollstreckung Seitens eines Dritten nicht entzogen werden. Natürlich erlischt das Recht des Hypothekargläubigers, wenn die Erzeugnisse innerhalb der Grenzen einer ordnungsmäßigen Wirthschaft von dem Grundstücke getrennt und entfernt wurden und wenn Zubehörstücke innerhalb dieser Grenzen die Zubehöreigenschaft vor der Beschlagnahme verlieren (B.G.B. § 1122).

Wie die Erträgnisse des Grundstücks haften auch **Mieth- und Pachtzinsforderungen**. Dieselben werden jedoch von der Haftung frei, wenn nicht der Hypothekengläubiger innerhalb eines Jahres nach ihrer Fälligkeit eine Beschlagnahme erwirkt. Ist der Mieth- oder Pachtzins im Voraus zu entrichten, so unterliegt der Beschlagnahme der Zins für das laufende und derjenige für das nächste Kalendervierteljahr (B.G.B. § 1123). Der Eigenthümer des Grundstücks kann zwar über den Mieth- und Pachtzins verfügen, doch ist eine solche Verfügung dem Hypothekengläubiger gegenüber nur insoweit wirksam, als sie den Zins für das laufende und das folgende Kalendervierteljahr betrifft (B.G.B. § 1124).

Ist der Eigenthümer der belasteten Grundstücke nicht der persönliche Schuldner, hat also Jemand seine Grundstücke für die Schuld eines Anderen verpfändet, so geht, wie bei der Bürgschaft und der Verpfändung einer beweglichen Sache, die Forderung auf ihn über, soweit er den Gläubiger befriedigt (B.G.B. § 1143).

§ 22.
Befriedigung aus dem Pfande.

Der Gläubiger hat das Recht, das Pfand zu verkaufen, um sich aus dem Erlöse für seine Forderung zu befriedigen. Dieses Recht steht ihm jedoch erst zu:

1. wenn die Forderung ganz oder zum Theil fällig ist (B.G.B. § 1228),
2. nachdem der Verkauf dem Verpfänder angedroht wurde, was ebenfalls die Fälligkeit der Schuld voraussetzt (B.G.B. § 1234),
3. wenn nach dieser Androhung ein Monat verstrichen ist (B.G.B. § 1234 Abs. 2).

In dem Pfandvertrage kann jedoch vereinbart werden, daß der Verkauf auch ohne diese Androhung und vor Ablauf der Frist oder auch nach Ablauf einer kürzeren Frist erfolgt (B.G.B. § 1245). Ist die Verpfändung auf der Seite des Pfandgläubigers ein Handelsgeschäft, so beträgt die Frist nach § 368 des Handelsgesetzbuchs überhaupt nur eine Woche.

Der Verkauf hat, abgesehen von Pfändern, die einen Markt- oder Börsenzins haben, im Wege der öffentlichen Versteigerung zu erfolgen (B.G.B. § 1235). Zeit und Ort der Versteigerung sind öffentlich bekannt zu machen und weiter sind der Eigenthümer und Dritte, denen ein Recht an dem Pfande zusteht, noch besonders zu benachrichtigen, doch darf diese Benachrichtigung unterbleiben, wenn sie unthunlich ist (B.G.B. § 1237). Am besten giebt der Gläubiger das Pfand einem Gerichtsvollzieher oder einer anderen zur öffentlichen Versteigerung ermächtigten Person zur Versteigerung und beauftragt den Versteigerer, diese Formalitäten zu erfüllen. Der Gläubiger thut jedoch gut, sich auch selbst von deren Erfüllung zu überzeugen, da er haftbar ist, wenn etwas versäumt wird.

Hat das Pfand einen Markt- oder Börsenpreis, so kann

der Pfandgläubiger den Verkauf aus freier Hand durch einen zu solchen Verkäufen öffentlich ermächtigten Handelsmäkler oder durch eine zur öffentlichen Versteigerung befugte Person zum laufenden Preise bewirken (B.G.B. § 1221). Dies gilt also jetzt bei jeder Verpfändung und nicht mehr bloß bei solchen unter Kaufleuten für Forderungen aus beiderseitigen Handelsgeschäften.

Der Verkauf verpfändeter Grundstücke geschieht auf Antrag des Gläubigers durch das Amtsgericht, in dessen Bezirk das Grundstück liegt. Der Antrag soll das Grundstück, den Eigenthümer, den Anspruch und den vollstreckbaren Titel bezeichnen. Demselben sind die zum Nachweise hierfür erforderlichen Urkunden beizufügen. Das Verfahren wird durch das Gesetz über die Zwangsversteigerung und Zwangsverwaltung vom 24. März 1897 geregelt, auf das hier verwiesen wird.

Sehr einfach vollzieht sich die Befriedigung des Gläubigers aus einer ihm verpfändeten Forderung. Hier kann er die Forderung ohne Weiteres selbst einziehen. Er muß also dem Drittschuldner nachweisen, daß alle oben erörterten Bedingungen eingetreten sind, unter denen eine Verwerthung des Pfandes zulässig ist (Fälligkeit, Aufforderung ꝛc.), und ist dann der Drittschuldner zur Leistung an den Pfandgläubiger verpflichtet, selbstverständlich, sofern seine Schuld fällig ist (B.G.B. § 1282).

Zu beachten ist hier noch § 777 der Civilprozeßordnung:

> Hat der Gläubiger eine bewegliche Sache des Schuldners im Besitz, in Ansehung deren ihm ein Pfandrecht oder ein Zurückbehaltungsrecht für seine Forderung zusteht, so kann der Schuldner der Zwangsvollstreckung in sein übriges Vermögen nach § 766 widersprechen, soweit die Forderung durch den Werth der Sache gedeckt ist. Steht dem Gläubiger ein solches Recht in Ansehung der Sache auch für eine andere Forderung zu, so ist der Widerspruch nur zulässig, wenn auch diese Forderung durch den Werth der Sache gedeckt ist.

Dies gilt nur für bewegliche Sachen, nicht auch für Forderungen und Hypotheken und auch nur für solche, die dem Schuldner selbst, nicht aber für solche, die dritten Personen gehören.

§ 23.

Die Pfandurkunde.

Zur Begründung eines Pfandrechts ist zwar die Ausstellung einer Urkunde nicht erforderlich. Selbstverständlich soll sie aber in unseren Vereinen niemals unterbleiben, der Verein muß vielmehr jeder Zeit in der Lage sein, durch die Urkunde nachzuweisen, zu welchem Zweck ihm die Pfänder übergeben sind und welche Vereinbarungen bei der Uebergabe getroffen wurden. Letzteres ist um so wichtiger, als, wie oben erörtert, für den Pfandverkauf Erleichterungen bedungen werden können und darum auch zur Vereinfachung des Verfahrens stets ausbedungen werden sollten.

Was nun die Formulare für die Pfandverträge betrifft, so können die von Dr. Crüger (Vorschuß- und Kreditvereine als Volksbanken) empfohlenen sämmtlich weiter verwendet werden, nur ist bei der Bestimmung über den Verkauf (Formular 27) im ersten Satze an Stelle der Worte „ohne gerichtliches Verfahren" zu schreiben: „ohne vorherige Aufforderung zur Einlösung des Pfandes sofort". Ebenso können in Formular 27 pos. 1 die Worte „ohne alle gerichtliche Einmischung" als überflüssig gestrichen werden und sollten daher auch bei einem Neudrucke von Formularen wegfallen. Natürlich ist aber der Gebrauch eines Formulars, das diese Worte noch enthält, unschädlich.

Die Formulare sind hier in Anlage beigefügt und zwar:

Anlage 9 Verpfändung von Werthpapieren,
„ 10 „ „ Forderungen und insbesondere eines Sparkassenbuchs,
„ 11 „ einer Lebensversicherungspolice,
„ 12 „ von Hypothekenforderungen,
„ 13 Cession einer Hypothekenforderung.

IV. Die Außer- und Inkurssetzung von Werthpapieren.

§ 24.

Für die Außerkurssetzung und Wiederinkurssetzung von Werthpapieren galten bisher in Deutschland die mannigfachsten Bestimmungen. Jetzt ist hierfür die Vorschrift in § 806 des Bürgerlichen Gesetzbuchs maßgebend:

Die Umschreibung einer auf den Inhaber lautenden Schuldverschreibung auf den Namen eines bestimmten Berechtigten kann nur durch den Aussteller erfolgen. Der Aussteller ist zur Umschreibung nicht verpflichtet.

Auch die Wiederinkurssetzung erfolgt durch den Aussteller. Zu beidem ist ein Antrag des Inhabers erforderlich. Wenn in dem Schlußsatze vom Bürgerlichen Gesetzbuch § 806 ausdrücklich gesagt ist, daß dem Aussteller keine Verpflichtung zur Umschreibung obliegt, so ist doch in Art. 101 des Einführungsgesetzes bestimmt, daß die den Ausstellern von Inhaberpapieren landesgesetzlich auferlegte Verpflichtung, ein solches Papier auf Antrag des Inhabers außer Kurs zu setzen, unberührt bleibt. Auch bleiben die landesgesetzlichen Vorschriften in Kraft, welche die sich aus der Umschreibung ergebenden Rechtsverhältnisse regeln. Einführungsgesetz Art. 101.

Es könnte sich fragen, wie es für die Zeit des Uebergangs zu halten ist, also für die Papiere, die am 1. Januar 1900 bereits außer Kurs gesetzt sind. Hierüber bestimmt Art. 176 des Einführungsgesetzes:

.... Eine vorher erfolgte Außerkurssetzung verliert mit dem Inkrafttreten des Bürgerlichen Gesetzbuchs ihre Wirkung.

Für diese bedarf es also keiner Wiederinkurssetzung, sie sind vielmehr mit dem 1. Januar ohne Weiteres wieder in Kurs gesetzt.

Da Sparkassenbücher keine Inhaberpapiere sind, treffen diese Ausführungen auf dieselben nicht zu. So sind namentlich die von den Vormundschaftsgerichten erfolgten Außerkurssetzungen als Verfügungsbeschränkungen zu erachten, die mangels anderweiter Bestimmungen in den Ausführungsgesetzen auch nach dem 1. Januar 1900 in Kraft bleiben. Für Preußen ist nach Art. 75 des Ausführungsgesetzes zum Bürgerlichen Gesetzbuch in solchen Fällen zur Erhebung des Geldes die Genehmigung des Gegenvormundes oder des Vormundschaftsgerichts erforderlich.

V. Kraftloserklärung von Inhaberpapieren und Sparkassenbüchern.

§ 25.

Wie bisher können Schuldverschreibungen auf den Inhaber, wenn sie vernichtet oder abhanden gekommen sind, für kraftlos erklärt werden. Ausgeschlossen hiervon sind nur:

1. solche Inhaberpapiere, bei denen in der Urkunde selbst das Gegentheil bestimmt ist,
2. Zins-, Renten- und Gewinnantheilscheine und
3. die auf Sicht zahlbaren unverzinslichen Schuldverschreibungen (vergl. auch § 4 des Bankgesetzes vom 14. März 1875 B.G.B. § 799).

Die Kraftloserklärung erfolgt wie bisher im Wege des Aufgebotsverfahrens (C.P.O. §§ 1003—1023). Wer das Ausschlußurtheil erwirkt hat, kann die Rechte aus der Urkunde geltend machen, kann aber auch verlangen, daß ihm auf seine Kosten eine neue Schuldverschreibung ausgestellt wird (B.G.B. § 799 Abs. 2). Die auf den Inhaber lautenden Zinsscheine bleiben nach der Kraftloserklärung wie überhaupt nach jedem Erlöschen der Hauptforderung in Kraft, sofern sie nicht eine gegentheilige Bestimmung enthalten. Alsdann ist der Aussteller bei der Einlösung der Hauptschuldverschreibung berechtigt, den Betrag der nicht zurückgegebenen Zinsscheine zurückzubehalten, soweit ihm daraus noch eine Verpflichtung obliegt, also soweit sie nicht verjährt sind (B.G.B. § 803).

Ist ein Zins-, Renten- oder Gewinnantheilschein abhanden gekommen oder vernichtet, so hat dies der Inhaber dem Aussteller vor Ablauf der 4 Jahre betragenden Verjährungsfrist anzuzeigen. Alsdann muß der Aussteller nach Ablauf dieser Frist den Betrag des Scheins zahlen, sofern ihm der Schein nicht zur Einlösung vorgelegt worden ist. Jedoch kann in dem Schein selbst ein derartiger Anspruch ausgeschlossen werden (B.G.B. § 804).

Nicht als Inhaberpapiere sind diejenigen Urkunden anzusehen, in welchen zwar ein Gläubiger benannt ist, die aber mit der Bestimmung ausgegeben sind, daß die in der Urkunde versprochene Leistung an jeden Inhaber bewirkt werden kann, sogenannte Legitimationspapiere. Zu ihnen gehören vor Allem die Sparkassenbücher. Bei diesen kann in der Urkunde selbst ein Verfahren für ihre Kraftloserklärung angeordnet werden, so daß es dann des umständlichen Aufgebotsverfahrens nicht bedarf (B.G.B. § 808). Eine dementsprechende Bestimmung sollte in keinem Sparkassenbuche fehlen. Sie könnte folgendermaßen lauten:

„Wird der Verlust oder die gänzliche Vernichtung eines Sparbuchs von dem Sparer oder seinem Rechtsnachfolger behauptet, so erfolgt ein Aufgebot des Buches durch einmaligen Aufruf desselben in dem . . . . Blatt auf Kosten des Spareinlegers. Meldet sich innerhalb 6 Wochen nach Ausgabe der betreffenden Zeitung Niemand mit dem Buch und werden auch von anderer Seite keine Ansprüche auf das Sparkassenguthaben bei der Genossenschaft geltend gemacht, so gilt das alte Buch als kraftlos erklärt und wird ein neues Buch ausgestellt".

Zum Schlusse sei hier noch ausdrücklich hervorgehoben, daß Geschäftsguthaben-Bücher weder Inhaber- noch Legitimationspapiere sind. Sie stellen vielmehr lediglich Quittungsbücher über die Einzahlungen auf den Geschäftsantheil dar und bedürfen darum für den Fall ihres Verlustes keiner Kraftloserklärung.

VI. Die Verjährung.

§ 26.

Verjährung ist das Erlöschen eines Anspruchs durch Zeitablauf. Die regelmäßige Verjährungsfrist beträgt 30 Jahre (B.G.B. § 195), für die meisten der aus dem geschäftlichen Verkehre erwachsenen Ansprüche ist die Frist jedoch eine weit kürzere. Insbesondere verjähren in 2 Jahren die Ansprüche der Kaufleute, Fabrikanten und Handwerker für Lieferung von Waaren und Ausführung von Arbeiten (B.G.B. § 196 pos. 1) und in 4 Jahren die Ansprüche auf Rückstände von Zinsen mit Einschluß der als Zuschlag zu den Zinsen zum Zwecke allmählicher Tilgung des Kapitals zu entrichtenden Beträge, sowie Rückstände von Mieth- und Pachtzinsen (B.G.B. § 197, vergl. für die Fristen weiterer Ansprüche B.G.B. §§ 196 und 197.) Unter den Zinsen sind hier nicht nur die vereinbarten, sondern auch die gesetzlichen zu verstehen, namentlich die Verzugszinsen. Dagegen fallen nicht hierunter die Dividenden, da sie nicht als „regelmäßig wiederkehrende Leistungen", sondern als Vertheilungen des jeweiligen Reingewinns anzusehen sind. Sie verjähren mithin in 30 Jahren. Sind sie jedoch dem Geschäftsguthaben zugeschrieben, so verjähren sie als Geschäftsguthaben nach § 74 des Genossenschafts-Gesetzes in 2 Jahren. (Vergl. Parisius und Crüger, Kommentar, 3. Aufl., S. 151.) Theilzahlungen des Kapitals, die nicht als Zuschlag zu den Zinsen zu entrichten sind, unterliegen dieser kurzen Verjährung nicht, auch wenn die Theilzahlungen in regelmäßig wiederkehrenden Fristen fällig werden.

Die Verjährung beginnt mit der Fälligkeit des Anspruchs, für die erwähnte abgekürzte Verjährung jedoch erst mit dem Schluß des Jahres, in welcher die Fälligkeit eintritt (B.G.B. § 201). Eine Unterbrechung der Verjährung erfolgt, wenn der Verpflichtete dem Berechtigten gegenüber den Anspruch durch Abschlagszahlung, Zinszahlung, Sicherheitsleistung oder in anderer Weise anerkennt. (B.G.B. § 208.) Die Unterbrechung wird ferner durch gerichtliche Geltendmachung des Anspruchs bewirkt, also namentlich durch Zustellung der Klage oder des Zahlungsbefehls und Anmeldung im Konkurse (B.G.B. § 209).

Ist ein Anspruch rechtskräftig festgestellt, so unterliegt er der dreißigjährigen Verjährung auch dann, wenn an sich eine kürzere Frist eingeführt ist (B.G.B. § 218).

Der Verjährung entzogen wird ein Anspruch durch Eintrag in das Grundbuch. Die Zinsen solcher Ansprüche verjähren jedoch wie die anderen Zinsen in 4 Jahren (B.G.B. § 902).

Mit Eintritt der Verjährung ist der Verpflichtete berechtigt, die von ihm geforderte Leistung zu verweigern. Damit ist der Anspruch jedoch noch nicht erloschen. Letzteres äußert seine Wirkung darin, daß eine trotz der Verjährung geleistete Zahlung nicht zurückverlangt werden kann und zwar selbst dann nicht, wenn die Zahlung in Unkenntniß der Verjährung erfolgte. Ebenso kann der Verpflichtete auch nach der Verjährung die Forderung wieder klagbar machen. Hierzu genügt jedoch nicht die einseitige Anerkennung, wie sie zur Unterbrechung der Verjährung hinreichend ist, erfordert wird vielmehr ein Anerkenntnißvertrag (B.G.B. § 222).

Die Bezahlung einer verjährten Forderung kann darum auch nicht als Schenkung aufgefaßt werden und dies kann in den verschiedensten Beziehungen von wesentlicher Bedeutung sein, z. B. bei der Anfechtung der Zahlung eines zahlungsunfähigen Schuldners durch einen anderen Gläubiger.

Dafür, daß das Pfandrecht mit der Verjährung des Anspruchs, für welches es bestellt ist, nicht erlischt, vergl. § 19.

An den Verjährungsfristen der Wechselordnung ist durch das neue Recht nichts geändert worden.

VII. Der Vorstand und die Angestellten.

§ 27.

Anstellungsvertrag mit Vorstandsmitgliedern.

Die Genossenschaften gelten nach § 17 des Genossenschaftsgesetzes als Kaufleute im Sinne des Handelsgesetzbuchs. Demgemäß unterstehen auch die Beamten der Genossenschaften, soweit sie nicht dem Vorstande angehören, in ihrem Verhältnisse zur Genossenschaft dem Handelsgesetzbuche. Anders ist es aber mit den Vorstandsmitgliedern. Diese sind die gesetzlichen Vertreter der Genossenschaften und ihre Rechte und Pflichten werden durch das Genossenschaftsgesetz und nicht durch das Handelsgesetzbuch geregelt. Nach dem Bürgerlichen Gesetzbuch unterliegt ihr Verhältniß zu den Genossenschaften den Bestimmungen über den Dienstvertrag (B.G.B. §§ 611—630).

Für den Dienstvertrag ist eine bestimmte Form nicht vorgeschrieben. Er wird also namentlich auch ohne schriftlichen Abschluß bindend. Selbstverständlich sollte aber die Errichtung einer Urkunde über die von den Genossenschaften mit den Vorstandsmitgliedern geschlossenen Verträge nie versäumt werden. Als Formular hierfür kann auch jetzt noch das bei: Crüger, Vorschuß- und Kreditvereine als Volksbanken unter Nr. 9, hier als Anlage Formular 14 abgedruckte dienen. Für die Kündigung eines hiernach abgeschlossenen Vertrags ist zu bemerken, daß sie nach B.G.B. §§ 621 und 622 auf den Schluß eines Kalendervierteljahres zu erfolgen hat. Uebrigens kann nach B.G.B. § 626 das Dienstverhältniß von jedem Theile ohne Einhaltung einer Kündigungsfrist gelöst werden, wenn ein wichtiger Grund vorliegt. Welche Gründe als wichtig anzusehen sind, ist der Beurtheilung des Richters überlassen.

Hervorgehoben sei noch, daß nach B.G.B. § 618 und H.G.B. § 62 der Dienstberechtigte, also in unserem Falle die Genossenschaft, Räume, Vorrichtungen oder Geräthschaften, die zur Verrichtung der Dienste beschafft werden, so einzurichten und zu unterhalten hat, daß der Verpflichtete gegen Gefahr für Leben und Gesundheit soweit geschützt ist, als die Natur der Dienstleistung dies gestattet. Wird dies unterlassen und es tritt ein Schaden ein, so ist die Genossenschaft ersatzpflichtig. Dies kann namentlich für Genossenschaften mit Maschinenbetrieb nicht nur gegenüber Vorstandsmitgliedern, sondern gegenüber allen Personen, die, sei es dauernd, sei es vorübergehend, im Dienste der Genossenschaft stehen, von Bedeutung werden und sollte die Vereinsleiter veranlassen, rechtzeitig Haftpflichtversicherungen einzugehen.[1])

Der zur Dienstleistung Verpflichtete wird seines Gehaltsanspruchs nicht dadurch verlustig, daß er für eine verhältnißmäßig nicht erhebliche Zeit durch einen in seiner Person liegenden Grund ohne sein Verschulden von der Dienstleistung verhindert wird. Er muß sich jedoch den Betrag anrechnen lassen, welcher ihm für die Zeit der Verhinderung aus einer auf Grund gesetzlicher Verpflichtung bestehenden Kranken- oder Unfallversicherung zukommt (B.G.B. § 616).

Verantwortlichkeit der Genossenschaft für Verschulden der Vorstandsmitglieder.

§ 28.

a) Civilrechtliche Verantwortlichkeit.

Nach B.G.B. § 278 hat der Schuldner ein Verschulden seines gesetzlichen Vertreters und der Personen, deren er sich zur Erfüllung seiner Verbindlichkeit bedient, in gleichem Umfange zu vertreten, wie eigenes Verschulden. Auf unsere Vereine angewendet, bedeutet sie, daß dieselben für ein im geschäftlichen Verkehr unterlaufenes Verschulden ihres Vorstands und ihrer Beamten aufzukommen haben. Der Vorstand ist der gesetzliche Vertreter und die Beamten sind im Sinne dieser Vorschrift die Personen, deren die Genossenschaft

[1]) Der Allgemeine Deutsche Genossenschaftsverband hat mit dem Allgemeinen Deutschen Versicherungsverein zu Stuttgart einen Vertrag geschlossen, durch welchen den Genossenschaften des Verbandes Vorzugsbedingungen beim Abschlusse von Versicherungen gewährt werden. Der Allgemeine Verband hat die Vermittlung übernommen und giebt auf Anfrage Auskunft über die Bedingungen. Vgl. auch Blätter für Genossenschaftswesen von 1898, S. 8.

sich zur Erfüllung ihrer Verbindlichkeiten bedient. Voraussetzung der Haftbarkeit für das Verschulden der letzteren ist natürlich, daß sie gerade zu solchen Geschäften ermächtigt sind, wie dasjenige ist, bei welchem das Verschulden vorkam. Wenn also z. B. ein Beamter, der als Kassirer mit der Ermächtigung zum Geldempfange angestellt ist, von dem Mitgliede Geld empfängt nnd verliert, so hat der Verein dafür aufzukommen. War das Geld jedoch einem anderen Beamten übergeben, der garnicht zum Geldempfang ermächtigt ist, so ist die Annahme des Geldes seitens dieses Beamten für die Genossenschaft nicht verbindlich, und der Schaden fällt dem zur Last, der das Geld an den Beamten gezahlt hat.

Bei dem Vorstande fällt diese Unterscheidung natürlich weg, denn er ist als gesetzlicher Vertreter des Vereins zu allen Handlungen für die Genossenschaft, also auch zum Geldempfange, selbst außerhalb des Geschäftslokals, befugt. Fraglich ist hier nur, inwieweit die Genossenschaft haftbar wird aus Geschäften, welche entgegen der Vorschrift des § 25 des Genossenschaftsgesetzes nur von einem Mitgliede vorgenommen sind. Gesetzlicher Vertreter der Genossenschaft ist der Vorstand als solcher oder doch zwei Mitglieder desselben, nie aber ein Mitglied desselben für sich allein. Die Handlung eines Einzelnen für sich allein ist darum für die Genossenschaft nicht verbindlich, und wer sich bei Verhandlungen und Abschlüssen mit dem Verein bei der Erklärung und Unterschrift eines Vorstandsmitgliedes beruhigt, thut dies auf seine Gefahr, nicht auf die des Vereins. Anders liegt es, wenn ein Vorstandsmitglied von dem Vorstande zur Vornahme von Rechtshandlungen für den Verein allein ermächtigt war und es für den Vorstand handelnd aufgetreten ist. Eine solche Ermächtigung hat die Rechtsprechung schon darin gefunden, daß ein Vorstandsmitglied mit Kenntniß der übrigen fortgesetzt solche Handlungen für den Verein vorgenommen, z. B. Spareinlagen angenommen hat.

Bemerkt sei noch, daß, wenn ein Vorstandsmitglied oder ein Beamter einen Vertrag geschlossen hat, zu dem er nicht ermächtigt war, also z. B. die Gewährung eines Kredits zugesagt hat, er von dem anderen Theil nach dessen Wahl auf Erfüllung oder auf Ersatz des Schadens belangt werden kann, falls die Genossenschaft die Genehmigung des Geschäfts versagt (B.G.B. § 179).

Die Anwendbarkeit des § 278 setzt eine Verbindlichkeit und damit ein vertragliches oder gesetzliches Verhältniß zwischen der Genossenschaft und dem Dritten, welcher die Forderung an sie erhebt, voraus. Wie liegt es nun, wenn ein solches Verhältniß nicht besteht? Dies würde z. B. der Fall sein, wenn ein Kassirer Betrügereien verübt, insbesondere gegen von ihm gefälschte Quittungen des Vorstands Geld erschwindelt oder wenn das dem Vereine gehörige Gebäude von dem Vorstande nicht ordnungsmäßig im Stande gehalten wird und in Folge dessen ein Vorübergehender, etwa durch Herabfallen eines Fensterladens, beschädigt wird. Alsdann sind die §§ 31 und 89 des Bürgerlichen Gesetzbuchs maßgebend, welche lauten:

§ 31. Der Verein ist für den Schaden verantwortlich, den der Vorstand, ein Mitglied des Vorstandes oder ein anderer verfassungsmäßig berufener Vertreter durch eine in Ausführung der ihm zustehenden Verrichtungen begangene, zum Schadensersatz verpflichtende Handlung einem Dritten zufügt.

§ 89. Die Vorschrift des § 31 findet auf den Fiskus, sowie auf die Körperschaften, Stiftungen und Anstalten des öffentlichen Rechts entsprechende Anwendung.

Körperschaften des öffentlichen Rechts sind auch die Genossenschaften und unterstehen somit der Vorschrift des § 31. Die Anwendbarkeit des § 31 setzt weder ein Verschulden des Vereins voraus noch seines Vorstands oder seiner Vertreter. Es ist für sie auch nicht erforderlich, daß die Handlung eine widerrechtliche ist, es genügt vielmehr, daß durch die Handlung nach den sonstigen Rechtsvorschriften eine Verpflichtung zum Schadensersatze begründet wird. Diese weitgehende Haftbarkeit greift aber nur Platz bei Handlungen des Vorstands oder anderer verfassungsmäßig bestellter Vertreter. Beauftragt dagegen der Vorstand Jemand mit einer Verrichtung, z. B. mit der Reparatur des Hauses, so wird der Verein für einen durch Schuld dieses Beauftragten entstandenen Schaden nur haftbar, wenn der Vorstand bei der Auswahl des Beauftragten nicht die erforderliche Sorgfalt beobachtet hat (B.G.B. § 831).

Haftbar wird der Verein endlich auch dann nicht, wenn die schädigende Handlung von dem Vorstande nicht in Ausführung der ihm zustehenden Verrichtungen begangen ist. Hat also ein Vorstandsmitglied Geld erschwindelt, nicht auf den Namen des Vereins, sondern den eines Dritten, so wird der Verein nicht darum ersatzpflichtig, weil der Schwindler zufällig bei ihm die Stelle eines Vorstandsmitglieds inne hat (vergl. hierzu auch Parisius und Crüger, Kommentar, 3. Aufl. S. 136).

b) Strafrechtliche Verantwortlichkeit.

Wesentlich anders als mit der civilrechtlichen steht es mit der strafrechtlichen Verantwortlichkeit des Vereins für Handlungen seines Vorstands. Selbstverständlich ist es, daß der Verein, d. h. seine sämmtlichen Mitglieder nicht für Vergehen des Vorstands zu Freiheitsstrafen verurtheilt werden kann. Eher denkbarer wäre schon, daß gegen die Genossenschaft Geldstrafen verhängt und in das Vereinsvermögen vollstreckt würden. Hier ist insbesondere an polizeiliche, Stempelsteuer- und Ordnungsstrafen zu denken. Aber auch diese können immer nur gegen die Vorstandsmitglieder persönlich, nie gegen die Genossenschaft in Ansatz kommen, da nach der jetzt wohl feststehenden Rechtsprechung Gesellschaften und Genossenschaften nicht Subjekt einer strafbaren Handlung sein können (vergl. auch hierzu Parisius und Crüger, Kommentar, 3. Aufl. S. 135).

§ 29.

Die Angestellten der Genossenschaft.

Für die Dienstverträge zwischen der Genossenschaft und ihren Angestellten, die kaufmännische Dienste leisten, ohne zum Vorstand zu gehören, ist, wie schon erwähnt, das Handelsgesetzbuch maßgebend. Sie sind im Sinne des Handelsgesetzbuchs Handlungsgehülfen. Das neue Handelsgesetzbuch regelt die Stellung der Handlungsgehülfen in manchen Beziehungen anders, als das alte und zwar in der Richtung, daß es den Handlungsgehülfen besser stellt, ohne jedoch über die Grenze hinaus zu gehen, welche das Interesse des Prinzipals erfordert.

Der Handlungsgehülfe darf ohne Einwilligung des Prinzipals weder ein Handelsgewerbe betreiben, noch in dem Handelszweige desselben, sei es für eigene, sei es für fremde Rechnung Geschäfte machen (H.G.B. § 60). Verletzt der Handlungsgehülfe diese

Verpflichtung, so macht er sich schadensersatzpflichtig; anstatt seinen Schaden zu liquidiren, kann der Prinzipal auch verlangen, daß die Geschäfte als auf seine Rechnung geschlossen behandelt werden und daß der Handlungsgehülfe die verdiente Vergütung herausgiebt (H.G.B. § 61). Hat der Handlungsgehülfe schon bei seiner Anstellung das Gewerbe betrieben und der Prinzipal hat hiervon Kenntniß, ohne dessen Aufgabe zu verlangen, so ist der Betrieb erlaubt. Diese Bestimmungen können namentlich bei den Konsumvereinen von Bedeutung sein.

Ueber die Verpflichtung des Prinzipals zu ordnungsmäßiger Einrichtung und Unterhaltung der Geschäftsräume, Geräthschaften ꝛc. ist das Erforderliche bereits in dem § 8 erörtert und kann darum hier auf diese Ausführungen verwiesen werden.

Anders, als im Bürgerlichen Gesetzbuch ist der Fall geregelt, daß der Handlungsgehülfe an der Leistung der Dienste gehindert ist. Alsdann steht ihm ein Anspruch auf Gehalt und Unterhalt für 6 Wochen zu unter der Voraussetzung, daß die Verhinderung durch ein unverschuldetes Unglück eingetreten ist (H.G.B. § 63). Als Unglück sind nicht nur Ereignisse anzusehen, welche direkt seine Person betreffen, z. B. eigene Krankheit, sondern alle, die sich als ein Unglück für ihn darstellen, wie etwa Krankheitsfälle in der Familie. Natürlich entschuldigt hier nicht jedes Unglück, sondern nur ein solches, welches eine Verhinderung des Handlungsgehülfen nothwendig zur Folge hat. Tritt die Verhinderung des Handlungsgehülfen aus anderen Gründen ein, so kommt der am Schlusse von § 8 erörterte § 616 B.G.B. zu Anwendung, wonach der Handlungsgehülfe Anspruch auf Gehalt hat, wenn die Verhinderung nur eine verhältnißmäßig nicht erhebliche Zeit gedauert hat und durch einen in seiner Person liegenden Grund ohne sein Verschulden entstanden ist. Dies ist z. B. bei kurzen militärischen Uebungen und Einziehung zum Geschworenendienste der Fall.

Ein Unterschied gegen das Bürgerliche Gesetzbuch ist hier noch der, daß sich der Handlungsgehülfe das, was ihm aus einer Kranken- oder *Unfallversicherung* zukommt, *nicht* anrechnen zu lassen hat (H.G.B. § 63 Abs. 2).

Die *Zahlung des Gehalts* hat am Schlusse des Monats zu

erfolgen; eine Vereinbarung, wonach sie später erfolgen soll, ist nichtig (H.G.B. § 64).

Die Kündigung des Dienstverhältnisses ist nur auf den Schluß des Kalendervierteljahres zulässig und zwar mit Beobachtung einer Kündigungsfrist von 6 Wochen (H.G.B. § 66). Allerdings kann auch eine andere Kündigungsfrist vereinbart werden. Dieselbe muß aber mindestens einen Monat betragen und für beide Theile gleich sein. Auch kann die Kündigung in diesem Falle nur auf den Schluß eines Kalendermonats vorgenommen werden (H.G.B. § 67).

Diese Vorschriften über die Kündigung sind nicht anwendbar, wenn der Handlungsgehülfe nur vorübergehend angenommen ist und das Dienstverhältniß nicht über 3 Monate fortgesetzt wird, doch muß auch in diesem Falle die Kündigung für beide Theile gleich sein.

Wenn ein wichtiger Grund vorliegt, kann von jedem Theile auch ohne Einhaltung der Kündigungsfrist gekündigt werden. Was hier als wichtiger Grund anzusehen ist, bestimmt das Handelsgesetzbuch in den §§ 70—72, auf welche hier verwiesen sei.

Bei der Beendigung des Dienstverhältnisses kann der Handlungsgehülfe ein Zeugniß über die Art und Dauer der Beschäftigung fordern, welches auf sein Verlangen auch auf die Führung und Leistungen auszudehnen ist (H.G.B. § 73). Gegen seinen Wunsch darf es also Bemerkungen über Führung und Leistungen nicht enthalten.

Bezüglich der Vereinbarungen zwischen Prinzipal und Handlungsgehülfe über Konventionalstrafen, die bei unseren Vereinen wohl kaum vorkommen werden, siehe §§ 74 u. 75 des Handels-Gesetzbuches.

Nicht dem Handelsgesetzbuche, sondern der Gewerbeordnung sind diejenigen Angestellten der Genossenschaften unterstellt, welche nur Dienste thatsächlicher Art leisten, also insbesondere Kassenboten und Hausdiener (G.O. § 105). Hier ist eine Aenderung im Rechte nicht eingetreten.

Endlich können bei den Genossenschaften aber auch noch andere Angestellte vorkommen: sie sind nicht Handlungsgehülfen, weil sie keine kaufmännischen Dienste leisten, sie sind aber auch keine gewerblichen Arbeiter, weil sich ihre Dienste als solche höherer Art darstellen, oder die Genossenschaft überhaupt kein Gewerbe im Sinne der Gewerbeordnung treibt. Dies kann z. B. der Fall sein, wenn ein Konsumverein einen Chemiker zur Untersuchung der Waaren oder eine Baugenossenschaft einen Verwalter der Häuser anstellt. Alsdann kommen auf das Verhältniß dieser Personen zur Genossenschaft die in § 27 erörterten Grundsätze über den Dienstvertrag zur Anwendung.

§ 30.

Die Bevollmächtigten.

Die Mannigfaltigkeit des geschäftlichen Lebens bringt es mit sich, daß nicht jeder alle seine Geschäfte selbst besorgen kann, sondern sich in vielen Fällen eines Bevollmächtigten bedienen muß, der für ihn handelt. In diesem Falle ist es für den anderen Theil, mit dem abgeschlossen werden soll, von Wichtigkeit, zu wissen, in wie weit die Handlungen des Vertreters als Handlungen des Vollmachtgebers anzusehen sind. Dies entscheidet sich zunächst durch den Umfang der Vollmacht. Dieselbe kann für ein einzelnes Geschäft, für eine Mehrheit von Geschäften und endlich auch für alle Geschäfte, in denen eine Vertretung zulässig ist (Generalvollmacht) ertheilt sein. Sehr wichtig ist stets die Feststellung, in welchem Umfange die Vollmacht ertheilt ist.

Die Ertheilung erfolgt durch Erklärung gegenüber dem zu Bevollmächtigenden oder dem Dritten, dem gegenüber die Vertretung stattfinden soll. Sie bedarf keiner Form, selbst nicht in dem Falle, daß für das Rechtsgeschäft, für welche sie bestimmt ist, eine gewisse Form erfordert wird (B.G.B. § 167). Natürlich bleibt es dem anderen, mit welchem der Bevollmächtigte verhandeln soll, unbenommen, seinerseits den Nachweis der Vollmacht in unzweideutiger Form, insbesondere durch Vorlage einer schriftlichen Vollmacht zu verlangen. Den Vereinen ist auch dringend anzurathen, hierauf zu bestehen und in wichtigen Fällen eine Abschrift der Vollmachtsurkunde, wenn ihnen diese nicht selbst übergeben wird, bei den Akten zu behalten.

In gleicher Weise wie die Ertheilung erfolgt auch der Widerruf der Vollmacht, also durch Erklärung an den Bevollmächtigten oder an den Dritten (B.G.B. § 168). Ist die Vollmacht durch Erklärung an den Dritten, also z. B. durch einen Brief des Vertretenen an den Verein ertheilt, so bleibt sie diesem gegenüber auch so lange in Kraft, bis ihm das Erlöschen von dem Vollmachtgeber angezeigt wird (B.G.B. § 170). Als eine Mittheilung an den Dritten gilt es auch, wenn der Vollmachtgeber dem Vertreter eine Vollmachtsurkunde ausgehändigt hat und dieser sie dem Dritten vorlegt. Alsdann bleibt die Vollmacht bestehen, bis die Urkunde an den Vollmachtgeber zurückgegeben oder für kraftlos erklärt wird (B.G.B. § 172).

Eine Vollmacht kann endlich auch durch öffentliche Bekanntmachung gegeben werden. Die so ertheilte Vertretungsvollmacht bleibt bestehen, bis die Kundgebung in derselben Weise, wie sie erfolgt ist, widerrufen wird. In allen diesen Fällen gelten bis zum Widerruf die Handlungen des Vertreters als solche des Vollmachtgebers, und letzteren, nicht den Dritten treffen sonach die Nachtheile, wenn der Vertreter mit der Vollmacht Mißbrauch treibt, z. B. Geld einkassirt und unterschlägt.

Natürlich kann der Vollmachtgeber dem Vertreter die Vollmacht auch in anderer Weise, insbesondere durch ein mündliches oder schriftliches Verbot, weiter für ihn zu handeln, entziehen. Wird dies dem Dritten bekannt, bevor ihm das Erlöschen der Vollmacht in den oben angegebenen Formen mitgetheilt ist, so darf er nicht mehr mit dem Vertreter abschließen, widrigenfalls ihn der hieraus entstehende Schaden trifft (B.G.B. § 173).

Ist der Vollmachtgeber nicht in der Lage, die Vollmachtsurkunde zurück zu erhalten, so kann er sie für kraftlos erklären lassen. Diese Kraftloserklärung erfolgt ohne vorausgegangenes gerichtliches Verfahren durch eine Bekanntmachung, welche auf seinen Antrag von dem Amtsgerichte seines Wohnsitzes zu erlassen ist. Die Vollmacht gilt als erloschen mit Ablauf eines Monats nach der letzten Einrückung dieser Bekanntmachung in die öffentlichen Blätter (B.G.B. § 176).

Bevollmächtigte können nicht geschäftsunfähige Personen sein, also Kinder unter 7 Jahren, Geisteskranke und wegen Geisteskrankheit entmündigte Personen, wohl aber solche, die nur in der Geschäftsfähigkeit beschränkt sind, insbesondere Minderjährige, die das 7. Jahr vollendet haben (B.G.B. § 165).

VIII. Mündelsicherheit.

§ 31.

Der Staat hat stets für die Anlage des Geldes bevormundeter Personen einen gewissen Grad der Sicherheit verlangt und hat hierfür genaue Vorschriften festgestellt. Die so bestimmte Sicherheit: Mündelsicherheit, ist dann aber auch für andere Anlagen vorgeschrieben und ebenso von Privatpersonen vielfach für ihre Vermögensanlagen verlangt worden. In Folge dessen hat sie für den Verkehr eine hohe Bedeutung erlangt und jeder, der mit Geldgeschäften zu thun hat, sollte über die einschlagenden Gesetzesbestimmungen Bescheid wissen.

Auch das Bürgerliche Gesetzbuch enthält Vorschriften über die Anlage von Mündelgeld und wendet dieselben noch auf zahlreiche andere Fälle an. So bei Sicherheitsleistung durch eine Hypothekenforderung, Grundschuld oder eine Rentenschuld (B.G.B. § 238), bei der Anlage von Geld, das auf eine verpfändete Forderung vor der Fälligkeit der Hauptschuld eingegangen ist (B.G.B. § 1288), auf die Verwaltung des Kindesvermögens durch den Vater (B.G.B. § 1642) oder die Mutter (B.G.B. § 1691), auf die Anlage des Geldes, welches ein Vorerbe in Händen hat (B.G.B. § 2119).

Als mündelsicher bezeichnet das Bürgerliche Gesetzbuch in § 1807 folgende Anlagen:

1. Forderungen, für die eine sichere Hypothek an inländischen Grundstücken besteht oder Grund- oder Rentenschulden an solchen Grundstücken;
2. verbriefte oder in das Reichs- oder Staatsschuldbuch eingetragene Forderungen gegen das Reich oder einen Bundesstaat;
3. verbriefte Forderungen, deren Verzinsung von dem Reiche oder einem Bundesstaate gewährleistet ist;
4. Werthpapiere und verbriefte Forderungen gegen eine inländische oder kommunale Körperschaft oder die Kreditanstalt einer solchen, sofern sie vom Bundesrathe zur Anlage von Mündelgeld für geeignet erklärt sind;
5. die Anlage bei einer inländischen Sparkasse, wenn sie von

der zuständigen Behörde des Bundesstaats, in welchem sie ihren Sitz hat, zur Anlage von Mündelgeld für geeignet erklärt ist.

B.G.B. § 1808 läßt, wenn die Anlegung den Umständen nach nicht in der im § 1807 bezeichneten Weise erfolgen kann, die Anlegung bei der Reichsbank, einer Staatsbank, einer durch Landesgesetz dazu für geeignet erklärten inländischen Bank oder bei einer Hinterlegungsstelle zu. Sodann bestimmt B.G.B. § 1811: „Das Vormundschaftsgericht kann aus besonderen Gründen dem Vormund eine andere Anlegung als die in den §§ 1807, 1808 vorgeschriebene, gestatten.“ Es kann dem Vormund also auch die Anlegung bei Genossenschaften gestattet werden.

Die Bestimmung darüber, welche Hypothek, Grund- oder Rentenschuld als sicher zu gelten hat, ist den Landesgesetzen überlassen.

Die bisher schon erlassenen landesgesetzlichen Vorschriften, nach welchen gewisse Werthpapiere zur Anlage von Mündelgeld für geeignet erklärt sind, bleiben in Kraft. (Einf.-G. zum B.G.B. Art. 212).

So ist den Landesgesetzen hier ein weiterer Spielraum gelassen und wohl alle Ausführungsgesetze werden hierüber Bestimmungen enthalten.

Für **Preußen** könnte zunächst in Frage kommen, ob auf Grund der oben erwähnten Bestimmung in Art. 212 des Einführungs-Gesetzes die Vorschriften der Vormundschaftsordnung über mündelsichere Werthpapiere in Geltung bleiben. Dies ist jedoch nicht der Fall, da in Art. 89 Ziff. 30 des Preußischen Ausführungsgesetzes zum Bürgerlichen Gesetzbuch die ganze Vormundschaftsordnung aufgehoben ist. Dieses Ausführungsgesetz regelt vielmehr die ganze Materie in Art. 73 bis 76 neu. Nach Art. 73 können Grundstücke beliehen werden, wenn die Forderung innerhalb des fünfzehnfachen und wenn kein anderer Eintrag vorangeht, innerhalb des zwanzigfachen des Grundsteuerreinertrags oder bei einem ländlichen Grundstück innerhalb der ersten zwei Drittel und bei einem städtischen innerhalb der ersten Hälfte des Werthes zu stehen kommt.

Art. 74 bestimmt dann:

Zur Anlegung von Mündelgeld sind außer den im § 1807 des Bürgerlichen Gesetzbuchs bezeichneten Forderungen und Werthpapieren geeignet:

1. die Rentenbriefe der zur Vermittelung der Ablösung von Renten in Preußen bestehenden Rentenbanken;
2. die Schuldverschreibungen, welche von einer deutschen kommunalen Körperschaft oder von der Kreditanstalt einer solchen Körperschaft oder mit Genehmigung der staatlichen Aufsichtsbehörde von einer Kirchengemeinde oder einem kirchlichen Verband ausgestellt und entweder von Seiten der Inhaber kündbar sind oder einer regelmäßigen Tilgung unterliegen;
3. die mit staatlicher Genehmigung ausgegebenen Pfandbriefe und gleichartigen Schuldverschreibungen einer Kreditanstalt der im Artikel 73 § 1 Abs. 2 bezeichneten Art;
4. die auf den Inhaber lautenden Schuldverschreibungen, welche von einer Preußischen Hypotheken-Aktienbank auf Grund von Darlehen an Preußische Körperschaften des öffentlichen Rechtes, oder von Darlehen, für welche eine solche Körperschaft die Gewährleistung übernommen hat, ausgegeben sind.

In Art. 75 ist angeordnet, daß eine in Preußen bestehende öffentliche Sparkasse durch den Regierungspräsidenten im Einvernehmen mit dem Landgerichtspräsidenten zur Anlegung von Mündelgeld für geeignet erklärt werden kann. Zweifelhaft ist, ob zu diesen Sparkassen auch die unserer Vereine gehören. Der Versuch, die Sparkassen der Genossenschaften allgemein zur Anlage von Mündelgeldern zuzulassen, scheiterte regierungsseitig an der Erwägung, daß die Gründung einer Genossenschaft noch nicht ihre Sicherheit verbürgt. Es bleibt also den in Art. 75 erwähnten Behörden die Prüfung überlassen, inwieweit die einzelnen Vereine hierfür geeignet sind. Sache der Vereine wird es nunmehr sein, diese Prüfung zu veranlassen und den Nachweis ihrer Sicherheit zu führen.

Der Art. 76 läßt die Möglichkeit offen, daß Mündelgeld auch bei Privatbanken angelegt wird, wenn eine Anlage in der im § 1807 des B.G.B. vorgesehenen Weise den Umständen nach nicht erfolgen kann. Als solche zählt sie die Centralgenossenschaftskasse, die Landesbanken, landschaftlichen und ritterschaftlichen Darlehnskassen auf.

Betreffs der Mündelsicherheit in Bayern vergl. Art. 92 des Ausführungsgesetzes, wonach eine Hypothek, Grundschuld oder Rentenschuld als sicher nur dann zu erachten ist, wenn sie innerhalb der ersten Hälfte des Werthes des Grundstückes zu stehen kommt; ferner Art. 32 des Ges. „Uebergangsvorschriften zum Bürgerlichen Gesetzbuch, betr.“:

> Zur Anlegung von Mündelgeld sind auch nach dem Inkrafttreten des Bürgerlichen Gesetzbuchs die Schuldverschreibungen bayer. Gemeinden und diejenigen von Kreditanstalten ausgegebenen Werthpapiere insbesondere Pfandbriefe geeignet, in welchen bisher nach den vom Ministerium der Justiz getroffenen Bestimmungen Mündelgeld angelegt werden durfte.
>
> Die Zulassung zur Anlegung von Mündelgeld kann vom Justizministerium jederzeit widerrufen werden.“

Gegenwärtig sind die Pfandbriefe aller bayr. Hypothenbanken mit Ausnahme einer noch jungen Bank zugelassen.

Auch für Württemberg bestimmt das dortige Ausführungsgesetz in Art. 68, daß Hypotheken, Grund- und Rentenschulden mündelsicher sind wenn sie innerhalb der ersten Hälfte des Werthes der Grundstücke zu stehen kommen.

> Weiter bestimmt Art. 70: Außer den in § 1807 des Bürgerlichen Gesetzbuchs bezeichneten Forderungen und Werthpapieren sind Schuldverschreibungen, welche von einer württembergischen kommunalen Körperschaft ausgestellt und entweder seitens der Inhaber kündbar sind oder einer regelmäßigen Tilgung unterliegen, zur Anlegung von Mündelgeldern geeignet. Schuldverschreibungen oder Pfandbriefe württembergischer Kreditanstalten können von dem Zeitpunkt der Verkündung dieses Gesetzes an bis zum Inkrafttreten des Bürgerlichen Gesetzbuchs durch das Justizministerium nach Anhörung des Oberlandesgerichts als zur Anlegung von Mündelgeld geeignet erklärt werden. Die Zurücknahme der Zulassung bleibt dem Justizministerium nach Anhörung des Oberlandesgerichts vorbehalten.

In Baden sollen nach Artikel 33 des Ausführungsges. zum B.G.B. die näheren Bestimmungen über Mündelsicherheit durch landesherrliche Verordnung und das Justizministerium erlassen werden. Eine solche Verordnung vom 11. Nov. 1899 bezeichnet in § 35 eine

Hypothek, Grundschuld oder Rentenschuld als sicher, wenn sie innerhalb der ersten Hälfte des Werthes des Grundstücks zu stehen kommt.

Gleiches gilt in Hessen nach Artikel 124 des Hess. Ausfges. zum B.G.B.[1])

IX. Das eheliche Güterrecht.

§ 32.

Während für das eheliche Güterrecht bisher über 100 Landesrechte in Kraft waren, wird auch dieses Rechtsgebiet für die Zukunft einheitlich geregelt. Dabei ist jedoch in gewissem Umfange den Ehegatten die Möglichkeit gegeben, das für sie maßgebende Eherecht den an ihrem Wohnorte hergebrachten Rechtsanschauungen anzupassen. Das Bürgerliche Gesetzbuch hat nämlich zunächst ein System ausgearbeitet, welches dann gilt, wenn die Ehegatten, sei es vor, sei es nach dem Eheschlusse nichts Anderes vertragsmäßig vereinbart haben. Es ist dies die sogenannte Verwaltungsgemeinschaft. Weiter aber enthält das Bürgerliche Gesetzbuch genaue Bestimmungen über vier andere Systeme, welche von den Ehegatten durch Ehevertrag wahlweise eingeführt werden können.

Die Verwaltungsgemeinschaft, welche also in Zukunft, abgesehen von der Uebergangszeit, in allen Fällen gilt, in welchen die Gatten keinen Ehevertrag geschlossen haben, hat folgende Grundsätze:

1. Das Vermögen der Frau wird durch die Eheschließung der Verwaltung und Nutznießung des Mannes unterworfen (eingebrachtes Gut).

   Zum eingebrachten Gute gehört auch das Vermögen, das die Frau während der Ehe erwirbt (B.G.B. § 1363). Der Mann vertritt dasselbe gerichtlich und außergerichtlich (B.G.B. § 1380).

2. Die Verwaltung und Nutznießung des Mannes erstreckt sich nicht auf das Vorbehaltsgut der Frau, nämlich

   a) die ausschließlich zum persönlichen Gebrauche der Frau bestimmten Sachen,

---

[1]) Die Bestimmungen in den Ausführungsgesetzen der anderen Bundesstaaten konnten hier noch nicht aufgenommen werden. Insbesondere waren auch für Sachsen diese Bestimmungen noch nicht erlassen.

b) das, was die Frau durch ihre Arbeit oder den Betrieb eines Erwerbsgeschäfts erwirbt,

c) das, was durch Ehevertrag für Vorbehaltsgut erklärt ist,

d) was der Frau unter Lebenden unentgeltlich oder letztwillig mit der Bestimmung zugewendet wird, daß es Vorbehaltsgut sein soll (B.G.B. §§ 1365—1369).

Ueber das Vorbehaltsgut steht der Frau das Recht der freien Verwaltung und Benutzung zu.

Als besonderen Güterstand, der durch Vertrag eingeführt werden kann, kennt das Bürgerliche Gesetzbuch:

1. die Gütertrennung. Bei ihr fallen, abgesehen von unwesentlichen Ausnahmen, die Wirkungen weg, welche die Ehe in Ansehung des Vermögens der Frau zur Folge hat. Die Frau kann also über ihr Vermögen verfügen wie eine Unverheirathete (B.G.B. §§ 1426—1431);

2. die allgemeine Gütergemeinschaft. Diese bewirkt, daß das Vermögen des Mannes und das der Frau gemeinschaftliches Vermögen beider Ehegatten (Gesammtgut) werden. Zu dem Gesammtgute gehört auch das Vermögen, welches der Mann oder die Frau während der Gütergemeinschaft erwirbt (B.G.B. § 1438). Ausgeschlossen hiervon sind Gegenstände, die nicht durch Rechtsgeschäfte übertragen werden können (B.G.B. § 1439) und das Vorbehaltsgut. Vorbehaltsgut ist (B.G.B. § 1440)

   a) dasjenige, was durch Ehevertrag für Vorbehaltsgut erklärt ist und

   b) was einer der Ehegatten unentgeltlich unter Lebenden oder von Todeswegen mit der Bestimmung erwirbt, daß es Vorbehaltsgut sein soll.

   Das Gesammtgut unterliegt der Verwaltung des Mannes, doch bedarf er zu Verfügungen, welche das Gesammtgut im Ganzen, ein Grundstück oder eine Schenkung aus dem Gesammtgut betreffen, der Zustimmung der Frau (B.G.B. §§ 1443—1446);

3. die Errungenschaftsgemeinschaft. Hierbei wird gemeinschaftliches Vermögen beider Ehegatten (Gesammtgut),

was der Mann oder die Frau während der Ehe erwirbt (B.G.B. § 1519) und ferner das Erträgniß des Gesammtgutes (B.G.B. § 1525). Sondergut jedes Gatten (eingebrachtes Gut) ist

a) was ihm bei Eingang der Ehe gehört (B.G.B. § 1520),

b) was er von Todeswegen oder mit Rücksicht auf ein künftiges Erbrecht oder durch Schenkung oder durch Ausstattung erwirbt (B.G.B. § 1521),

c) Gegenstände, die nicht durch Rechtsgeschäft übertragen werden können, sowie Rechte, die mit dem Tode erlöschen (B.G.B. § 1522),

d) was durch Ehevertrag für eingebrachtes Gut erklärt ist B.G.B. § 1523).

Sowohl das Gesammtgut wie das eingebrachte Gut beider Gatten steht im Besitze und in der Bewaltung des Mannes (B.G.B. § 1525). Auch in diesem Güterstande giebt es dann noch das Vorbehaltsgut der Frau, das ihrer freien Verfügung unterliegt, nämlich

a) dasjenige Vermögen, welches durch Ehevertrag für Vorbehaltsgut erklärt und

b) welches als solches von ihr durch Zuwendung unter Lebenden unentgeltlich oder durch letztwillige Verfügung erworben ist (B.G.B. § 1526);

4. die Fahrnißgemeinschaft. Diese ist im Wesentlichen das System des französisch-badischen Rechts, nämlich die Gemeinschaft des beweglichen Vermögens und der Errungenschaft. Von der Gemeinschaft ausgeschlossen als eingebrachtes Gut ist nur

a) das unbewegliche Vermögen eines Ehegatten, das er bei dem Eintritt der Fahrnißgemeinschaft hat,

b) was durch Ehevertrag hierfür erklärt ist und

c) was ein Gatte unter Lebenden unentgeltlich oder von Todeswegen mit der Bestimmung erwirbt, daß es eingebrachtes Gut sein soll.

Für das eingebrachte Gut gelten die entsprechenden Bestimmungen der Errungenschaftsgemeinschaft und für das Gesammtgut diejenigen der Gütergemeinschaft, mit welcher sie daher ganz zusammenfällt, wenn eingebrachtes Gut nicht vorhanden ist (B.G.B. §§ 1549—1554).

Wie schon erwähnt, sind Eheverträge zulässig und können sowohl vor als nach dem Eingange der Ehe geschlossen werden (B.G.B. § 1432). Für dieselbe ist gerichtliche oder notarielle Form vorgeschrieben (B.G.B. § 1434). Eine öffentliche Bekanntmachung ist nicht erforderlich. Wird aber durch Ehevertrag die Verwaltung und Nutznießung des Mannes ausgeschlossen oder geändert, so können einem Dritten gegenüber hieraus Einwendungen nur dann hergeleitet werden, wenn der Ausschluß oder die Aenderung in das von dem Amtsgerichte zu führende Güterrechtsregister eingetragen oder dem Dritten bekannt war. Das Gleiche gilt, wenn eine in dem Güterrechtsregister eingetragene Regelung der güterrechtlichen Verhältnisse durch Ehevertrag aufgehoben oder geändert wird (B.G.B. § 1435). Das Amtsgericht hat die Eintragung zu veröffentlichen (B.G.B. § 1562). Die Einsicht des Registers ist Jedem gestattet. Auch kann von der Eintragung eine Abschrift gefordert werden (B.G.B. § 1563). So läßt sich durch das Güterrechtsregister leicht feststellen, in wie weit das Vermögen einer Frau durch Ehevertrag entgegen den allgemeinen Rechtsgrundsätzen der Verfügung des Mannes und dem Zugriffe seiner Gläubiger entzogen ist.

Eine eingehendere Darstellung des ehelichen Güterrechts zu geben, ist hier nicht der Platz, zumal den Einführungsgesetzen der einzelnen Bundesstaaten zu bestimmen überlassen bleibt, wie weit sie dieses Recht für die am 1. Januar 1900 bestehenden Ehen einführen wollen, so daß also die Darstellung eines mit diesem Tage ausschließlich geltenden Rechts doch nicht möglich ist. Gerade das eheliche Güterrecht wird den Vereinsleitern im geschäftlichen Leben zu manchen Zweifelsfragen Veranlassung geben, die sie weder mit Hülfe des Wortlauts noch einer systematischen Darstellung des bürgerlichen Rechts lösen können. Es empfiehlt sich dringend, in solchen Fragen zuverlässigen Rechtsrath einzuholen bezw. dem Dritten, mit welchem verhandelt wird, die Klarstellung der Verhältnisse aufzugeben.

Im Allgemeinen muß hier der Grundsatz genügen, daß der Mann das Vermögen vertritt und daß, abgesehen von dem Falle der Gütertrennung, seine Handlungen auch für das Vermögen der Frau, soweit es nicht Sondergut ist, verbindlich sind, daß andererseits auch die Frau freie Handlungsfähigkeit besitzt (vergl. oben § 2) und daß für diese Handlungen mindestens das Sondervermögen in Anspruch genommen werden kann.

Diese ganze Sachlage läßt dringend empfehlenswerth erscheinen, daß die Vereine bei Verpflichtungen der Frau, sofern sie nicht in Gütertrennung lebt, die Genehmigung des Ehemanns verlangen und damit allen Schwierigkeiten vorbeugen.

X. Formulare.

Formular 1.

Schuld-Urkunde mit Bürgschaftserklärung.

Ich bekenne hiermit, daß mir (Firma der Genossenschaft) heute ein Darlehen von . . . Mk. . . . Pf. wörtlich: . . . . . . baar gegeben hat.

Ich verpflichte mich, dieses Darlehen bis zum . . . . zurückzuzahlen und bis zur Rückzahlung von demselben . . . Prozent Zinsen auf das Jahr zu entrichten und unterwerfe mich einer Erhöhung des Zinsfußes auch während der Dauer des Darlehens, wenn solche statutgemäß für die von der Genossenschaft gegebenen Darlehen beschlossen wird.

Die Zahlung der Zinsen und Rückzahlung des Kapitals hat in dem Geschäftslokal der Genossenschaft zu erfolgen.

(Ort), den . . ten . . . . . 19 . .

Bürgschaftserklärung.

Ich Unterzeichneter verbürge mich (wir Unterzeichneten verbürgen uns) für obige Schuld, indem ich (wir) auf die Einrede der Vorausklage verzichte(n). Ich erkenne (wir erkennen) ausdrücklich an, daß die Bürgschaft nicht auf bestimmte Zeit im Sinne von § 777 des Bürgerlichen Gesetzbuchs geleistet sein soll und also die Bestimmungen dieses § 777 auf sie keine Anwendung finden.

Formular 2.

Hausantheilschein

Nr. . . .

über . . . . Mark für . . . .

. . . . Mark (in Buchstaben)

sind dem unterzeichneten Konsumverein zu X . . . . . eingetragene Genossenschaft mit beschränkter Haftpflicht, von Herrn . . . . . .

Inhaber dieses Hausantheilscheines unter den umstehenden Bedingungen baar geliehen. Der Konsumverein zu X . . . . , eingetragene Genossenschaft mit beschränkter Haftpflicht, haftet den gesetzlichen Bestimmungen gemäß mit seinem Vermögen für das gezahlte Kapital und die Zinsen.

X . . . . . , den . . . . 19 . . .

Konsumverein zu X . . . . . .
eingetragene Genossenschaft mit beschränkter Haftpflicht.
(Unterschriften des Vorstandes.)

(Auf der Rückseite der Hausantheilscheine.)

Bedingungen
über Rückzahlung und Verzinsung der nach dem Beschlusse der Generalversammlung des Konsumvereins zu X . . . . , eingetragene Genossenschaft mit beschränkter Haftpflicht, vom . . . . . . 19 . . . aufgenommenen . . %igen unkündbaren Hausanleihe von . . . Mark.

§ 1.

Die im Gesammtbetrage von . . . . Mark aufgenommene Anleihe dient zum Erwerb des Hausgrundstückes in der . . . .straße Nr. . . .

Für die Verzinsung und Rückzahlung dieser Hausanleihe gelten folgende Bedingungen, die sowohl für die Darleiher, als für den Konsumverein zu X . . . . , e. G. m. b. H., verbindlich sind.

§ 2.

Die Hausanleihe ist in Theilen von . . . . Mark aufgenommen worden, über welche Scheine ausgestellt worden sind; die Hausantheilscheine lauten auf die Namen der Darleiher, sie tragen fortlaufende Nummern.

§ 3.

Der Vorstand des Konsumvereins zu X . . . . , e. G. m. b. H., führt ein Buch über die Hausantheilscheine, in welches die laufenden Nummern und die Namen der Darleiher eingetragen werden und welches Kolonnen für die Eintragung des Tages der Ausloosung und der Rückzahlung enthält.

§ 4.

Die Hausantheile sind Seitens der Erwerber so lange unkündbar, als der Konsumverein seinen Verpflichtungen bezüglich Amortisation und Verzinsung der Hausantheile pünktlich nachkommt.

§ 5.

Die Verzinsung der Hausantheile erfolgt mit . . . % für das Jahr; die Auszahlung der Zinsen findet halbjährlich an der Kasse des Konsumvereins zu X . . . . . ., e. G. m. b. H., statt.

§ 6.

Zinsen, welche innerhalb 5 Jahren, vom Tage der Fälligkeit ab gerechnet, nicht abgehoben sind, verfallen zu Gunsten des Grundstücks-Erwerbsfonds.

§ 7.

Von dem Gesammtbetrage der Hausanleihe werden alljährlich in einer gemeinschaftlichen Sitzung von Vorstand und Aufsichtsrath mindestens . . . % zur Rückzahlung ausgeloost. Die Ausloosung findet spätestens einen Monat vor dem Termine zur Rückzahlung statt, welcher mit dem Termine der Zinsenzahlung am . . . . . . jeden Jahres zusammenfällt. Die Verzinsung der ausgeloosten Antheile hört mit dem Rückzahlungs-Termine auf, zu welchem dieselben ausgeloost werden.

Der Konsumverein zu X . . . . . ., e. G. m. b. H., ist berechtigt, einen höheren Theil der Hausanleihe, als oben angegeben, zur Ausloosung zu bringen, er kann auch spätestens einen Monat vor einem der beiden Zinstermine den noch ungetilgten Restbetrag der Hausanleihe zur Rückzahlung aufrufen.

§ 8.

Die Nummern der ausgeloosten Hausantheilscheine, bezw. die Kündigung des Restbetrages der ganzen Anleihe ist durch Aushang im Geschäftslokale des Konsumvereins zu X . . . . . ., e. G. m. b. H., (durch die . . . . . . Zeitung) bekannt zu machen.

§ 9.

Die Auszahlung der Zinsen erfolgt gegen Vorzeigung und diejenige des Darlehns gegen Rückgabe des Antheilscheines und gegen Quittung.

Sie kann an jeden Vorzeiger des Antheilscheins geleistet werden, so lange nicht der Darlehnsgeber, sein Vertreter oder Rechtsnachfolger bei dem Vorstande der Genossenschaft schriftlich Einsprache erhoben hat. Ohne eine solche Einsprache ist der Verein nicht verpflichtet, wohl aber berechtigt, die Legitimation des Vorzeiges zum Geldempfange zu prüfen.

§ 10.

Die Abtretung von Hausantheilscheinen an andere Personen ist im Geschäftslokale des Konsumvereins zu X . . . . . ., e. G. m. b. H., durch schriftlichen Vermerk auf den Hausantheilscheinen zu bewirken.

Der Vorstand des Konsumvereins hat seine Kenntniß der Abtretung auf den Hausantheilscheinen zu bestätigen und in dem Hausantheilbuche die Abtretung einzutragen.

§ 11.

Der Verlust von Hausantheilscheinen ist sofort dem Konsumvereine anzuzeigen, damit die Anhaltung der verloren gegangenen Schuldurkunden bei Vorlegung veranlaßt und das Aufgebotsverfahren eingeleitet werden kann; die Kosten des letzteren hat der Eigenthümer der in Verlust gerathenen Urkunden zu tragen.

Wird der Verlust oder die gänzliche Vernichtung eines Hausantheilscheins von dem Darleiher oder seinem Rechtsnachfolger behauptet, so erfolgt ein Aufgebot des Antheilscheins durch einmaligen Aufruf desselben in dem . . . . . . Blatt auf Kosten des Darleihers. Meldet sich niemand innerhalb 6 Wochen nach der Ausgabe der betreffenden Zeitung mit dem Hausantheilschein und werden auch von anderer Seite keine Ansprüche auf das Darlehen bei der Genossenschaft geltend gemacht, so gilt die alte Urkunde für kraftlos erklärt und wird eine neue ausgestellt.

X . . . ., den . . . . 19 . .

Konsumverein zu X . . . . . . ,
eingetragene Genossenschaft mit beschränkter Haftpflicht.

(Unterschriften des Vorstandes.)

Formular 3.

Schuldverschreibung

der Baugenossenschaft zu . . . . , eingetragene Genossenschaft mit . . . . Haftpflicht

Litt. . . . . über Serie . . . .

100 Mark. Nr. . . . . .

Einhundert Mark hat . . . . der unterzeichneten Genossenschaft baar dargeliehen, deren Rückzahlung und Verzinsung nach den hier beigedruckten Bedingungen erfolgt, zu deren pünktlicher Innehaltung sich die Genossenschaft verpflichtet, widrigenfalls der Gläubiger berechtigt sein soll, Kapital nebst Zinsen sofort von ihr einzufordern.

. . . . , den . . . .

Firma.

(Unterschriften.)

Bedingungen
über Rückzahlung und Verzinsung der . . . prozentigen Anleihe von . . . . . Mark.

1. Die . . . . . . (Firma der Genossenschaft) nimmt zu der vorstehend verzeichneten Anleihe in ihrer Kasse nur Beträge in Summen von 50 Mark oder 100 Mark unter folgenden für beide Theile verbindlichen Bedingungen an.

2. Die Tilgung der Anleihe beginnt am . . . . . 19 . . durch jährliche Amortisation von 10 Prozent, so daß die ganze Anleihe spätestens am . . . . 19 . . . zurückgezahlt sein wird. Die Tilgung erfolgt durch Ausloosung nach dem diesen Bedingungen angehängten Tilgungsplan, indem in gemeinschaftlicher Sitzung des Vorstands und Aufsichtsraths der Vorsitzende des Aufsichtsraths die zu tilgenden Nummern aus der Gesammtzahl der noch nicht getilgten Nummern der Schuldverschreibungen zieht.

Die Genossenschaft ist berechtigt, auch über die zehnprozentige Amortisation hinaus Rückzahlungen mittelst Ausloosung von Schuldverschreibungen in höheren Beträgen oder mittelst Rückkaufs von Schuldverschreibungen zu bewirken.

Dagegen steht dem Gläubiger, solange die Genossenschaft ihre für die Rückzahlung und Verzinsung hier festgesetzten Verpflichtungen erfüllt, ein Recht auf Kündigung nicht zu.

3. Die Zinsen werden mit . . . . Prozent auf das Jahr in halbjährigen Terminen an der Kasse der Genossenschaft ausbezahlt.

4. Die Abtretung der durch die Schuldverschreibungen verbrieften Forderungen an dritte Personen ist auf der Verschreibung selbst im Geschäftslokale der Genossenschaft unter Kenntnißnahme des Vorstands zu bewirken und von diesem in den betreffenden Büchern zu vermerken.

5. Die Zahlung der Zinsen erfolgt gegen Vorzeigung, diejenige des Kapitals gegen Rückgabe der Schuldurkunde und gegen Quittung. Sie kann an jeden Vorzeiger der Schuldurkunde geleistet werden, so lange nicht der Darlehensgeber, sein Vertreter oder Rechtsnachfolger bei dem Vorstande der Genossenschaft schriftlich Einsprache erhoben hat. Ohne eine solche Einsprache ist der Verein nicht verpflichtet, wohl aber berechtigt, die Legitimation des Vorzeigers der Schuldurkunde zum Geldempfange zu prüfen.

6. Die Darleiher haben daher vom Verluste der Urkunden der Genossenschaft sofort Anzeige zu machen, damit dieselben bei etwaiger Präsentation angehalten und nach Befinden das Aufgebotsverfahren eingeleitet werden kann.

Wird der Verlust oder die gänzliche Vernichtung einer Schuldurkunde von dem Darleiher oder seinem Rechtsnachfolger behauptet, so erfolgt ein Aufgebot der Urkunde durch einmaligen Aufruf derselben in dem . . . . Blatt auf Kosten des Darleihers. Meldet sich Niemand innerhalb 6 Wochen nach der Ausgabe der betreffenden Zeitung mit der Schuldurkunde und werden auch von anderer Seite keine Ansprüche auf das Darlehen bei der Genossenschaft geltend gemacht, so gilt die alte Urkunde für kraftlos erklärt und wird eine neue ausgestellt.

. . . . , den . . . .

(Firma der Genossenschaft.)

Tilgungsplan

für eine Anleihe von 50000 Mark, von denen 450 Stück auf 100 Mark, 100 Stück auf 50 Mark lauten.

Die Tilgung beginnt am 2. Januar 1904.

Es werden ausgeloost:

am	2.	Januar	1904:	45	Stück	zu	100 Mk.,	10	Stück	zu	50 Mk.
„	2.	„	1905:	45	„	„	100 „	10	„	„	50 „
„	2.	„	1906:	45	„	„	100 „	10	„	„	50 „
„	2.	„	1907:	45	„	„	100 „	10	„	„	50 „
„	2.	„	1908:	45	„	„	100 „	10	„	„	50 „
„	2.	„	1909:	45	„	„	100 „	10	„	„	50 „
„	2.	„	1910:	45	„	„	100 „	10	„	„	50 „
„	2.	„	1911:	45	„	„	100 „	10	„	„	50 „
„	2.	„	1912:	45	„	„	100 „	10	„	„	50 „
„	2.	„	1913:	45	„	„	100 „	10	„	„	50 „
		Zusammen:		450	Stück	zu	100 Mk.,	100	Stück	zu	50 Mk.

Formular 4.

Sparordnung des Vorschußvereins zu ......, eingetragene Genossenschaft mit .... Haftpflicht.

Nach Maßgabe der nachstehenden Bedingungen werden Spareinlagen von Mitgliedern und Nichtmitgliedern bei dem Vorschußverein zu ..., eingetragene Genossenschaft mit ... Haftpflicht angenommen, verzinst und zurückgezahlt.

§ 1.

Für die Spareinlagen und Zinsen haftet die Genossenschaft mit ihrem ganzen Vermögen und ihre Mitglieder nach den Bestimmungen des Genossenschaftsgesetzes.

§ 2.

Jede Spareinlage muß mindestens ... Mark betragen.

Einzahlungen in einem Posten werden nur bis zum Höchstbetrage von .... Mark angenommen. Das durch Einzahlungen und Zuschrift von Zinsen angesammelte Guthaben eines Sparers darf die Summe von ... Mark nicht übersteigen.

Sobald diese Summe erreicht ist, werden weitere Einzahlungen nicht mehr angenommen.

Eine Verzinsung des diese Summe übersteigenden Guthabens findet nicht statt.

§ 3.

Die Spareinlagen werden, soweit sie volle Mark betragen, mit .... vom Hundert jährlich verzinst.

Die Verzinsung beginnt mit ...... und endet mit .....

Die Zinsen werden — abgesehen von dem Falle der gänzlichen Rückzahlung der Spareinlagen — alljährlich berechnet, soweit sie vom Sparer nicht erhoben werden, dem Kapital zugeschlagen und mit diesem vom Beginn des neuen Geschäftsjahres an verzinst.

Aenderungen des Zinsfußes sowie dieser Sparordnung sind für jeden Sparer verbindlich, sobald sie mindestens einen Monat vor dem Zeitpunkte, von welchem an sie eintreten sollen, in den statutenmäßig für die Veröffentlichungen der Genossenschaft bestimmten Blättern bekannt gemacht sind.

§ 4.

Spareinlagen werden auf Verlangen der Sparer in der Regel nach Ablauf einer Kündigungsfrist zurückbezahlt, die für Beträge von ... bis ... Mark eine Woche, von ... bis ... Mark einen Monat, für höhere Beträge drei Monate umfaßt.

Die erfolgte Kündigung ist im Sparbuche zu vermerken.

Der Vorstand ist befugt, innerhalb der vom Aufsichtsrathe genehmigten Grenzen nach Lage der Verhältnisse Rückzahlungen ohne Kündigung oder mit abgekürzten Kündigungsfristen zu leisten.

§ 5.

Die Genossenschaft hat das Recht, ihrerseits Spareinlagen mit Frist von einem Monate zur Rückzahlung zu kündigen.

Diese Kündigung kann durch zweimalige Bekanntmachung in den statutenmäßig für die Veröffentlichungen der Genossenschaft bestimmten Blättern erfolgen.

Mit Ablauf der Kündigungsfrist hört die Verzinsung des gekündigten Kapitals auf.

§ 6.

Einzahlungen für die Sparkasse und Auszahlungen aus der Sparkasse erfolgen im Geschäftslokale der Genossenschaft außer an Sonn- und Feiertagen täglich in den Stunden von . . bis . . Uhr Vormittags und von . . bis . . Uhr Nachmittags.

§ 7.

Jeder Sparer erhält ein mit dem Vereinsstempel versehenes, auf seinen Namen ausgefertigtes Sparbuch sowie diese Sparordnung, deren Bestimmungen er dadurch als für sich verbindlich anerkennt.

In dieses Sparbuch ist jede Einzahlung und jede Auszahlung von dem Vorstande oder von den dazu bestimmten Beamten, deren Namen durch Aushang im Geschäftslokale bekannt zu machen sind, unter Angabe des Datums einzutragen.

§ 8.

Auszahlungen von Sparguthaben werden nur gegen Vorlage des Sparbuches geleistet; sie können an jeden Vorzeiger des Sparbuches geleistet werden, so lange nicht von dem Sparer, dessen Vertreter oder Rechtsnachfolger gegen diese Auszahlung bei dem Vorstande der Genossenschaft schriftlich Einsprache erhoben ist. Solche Einsprache ist in den Büchern der Genossenschaft zu vermerken.

Die Genossenschaft hat jedoch in jedem Falle das Recht, die Legitimation des Vorzeigers des Sparbuches zu prüfen, und ist dazu verpflichtet, wenn gegen die Auszahlung Einsprache erhoben ist.

Jeder Sparer hat deshalb in seinem eigenen Interesse sein Sparbuch sorgfältig zu verwahren und einen vorkommenden Verlust des Buches dem Vorstande der Genossenschaft sofort anzuzeigen.

§ 9.

Die Uebertragung der durch das Buch bekundeten Forderung an einen Dritten muß der Genossenschaft angezeigt und von dieser auf dem Sparbuche und in den Büchern der Genossenschaft vermerkt werden.

Sparbücher, die vollständig ausgezahlt sind, bleiben in Verwahrung der Genossenschaft.

§ 10.

Wird der Verlust oder die gänzliche Vernichtung eines Sparbuchs von dem Sparer oder seinem Rechtsnachfolger behauptet, so erfolgt ein Aufgebot des Buches durch einmaligen Aufruf desselben in dem . . . . . Blatt auf Kosten des Spareinlegers. Meldet sich innerhalb 6 Wochen nach Ausgabe der betreffenden Zeitung Niemand mit dem Buch und werden auch von anderer Seite keine Ansprüche auf das Sparkassenguthaben bei der Genossenschaft geltend gemacht, so gilt das alte Buch für kraftlos erklärt und wird ein neues Buch ausgestellt.

§ 11.

Wenn auf ein Sparbuch während 25 Jahren weder Einzahlungen noch Auszahlungen geleistet sind, hört die Verzinsung auf und wird das Guthaben gekündigt. Erfolgt die Erhebung nicht, so kann nach Ablauf der gesetzlichen Verjährungsfrist das Guthaben für den Reservefonds der Genossenschaft eingezogen werden.

§ 12.

Nach Schluß eines jeden Geschäftsjahres wird eine tabellarische Zusammenstellung aller Spareinlagen mit Angabe der Nummer und des Guthabens jedes einzelnen Sparkontos im Geschäftslokale zur Einsicht ausgelegt und dies in den statutenmäßig vorgeschriebenen Blättern angezeigt.

Formular 5.

Bedingungen für den Depositenverkehr.

Die (Firma der Genossenschaft) nimmt Depositen unter folgenden Bedingungen an:

§ 1.

Der kleinste Betrag der ersten Einzahlung ist . . . . Mark. Weitere Einzahlungen dürfen nicht weniger als . . . . Mark betragen.

§ 2.

Bei Rückzahlung bedarf es im Falle des Mangels anderweitiger besonderer Vereinbarung:

a) bei Beträgen bis incl. . . . . Mark in der Regel keiner vorherigen Anzeige;

b) bei Summen von . . . Mark bis einschließlich . . . Mark einer vorherigen eintägigen und

c) bei Summen über . . . Mark einer vorherigen dreitägigen Kündigung Seitens des Einlegers. Die Kündigung ist in dem vorzulegenden Gegenbuch zu vermerken.

§ 3.

Ueber Ein- und Auszahlungen wird als Gegenbuch[1]) ein Rechnungsauszug ausgestellt, in dem jede Einzahlung und Abhebung eingetragen und vom Vorstande oder den dazu bestimmten Beamten bescheinigt wird. Jeder, der das Buch vorzeigt, wird zur Empfangnahme von Rückzahlungen als legitimirt angesehen. Die Genossenschaft hat jedoch in jedem Falle das Recht, die Legitimation des Vorzeigers zu prüfen und ist dazu verpflichtet, wenn gegen die Auszahlung Einsprache erhoben ist.

Jeder Deponent hat deshalb in seinem eigenen Interesse das Gegenbuch sorgfältig zu verwahren und einen vorkommenden Verlust dem Vorstande sofort anzuzeigen.

Ueber die Rückzahlung hat der Empfänger Quittung zu leisten.

§ 4.

Die (Firma der Genossenschaft) behält sich das Recht vor, Einlagen mit . . . tägiger Frist zu kündigen.

§ 5.

Die Verzinsung erfolgt von dem auf die Einzahlungen folgenden Tage bis zu dem Tage vor der Abhebung.

Die Höhe der Zinsen bestimmt der Vorstand, bis auf Weiteres werden . . Prozent Zinsen vergütet.

Sinkt die Einlage unter . . . Mark, so hört die Verzinsung auf. Die Zinsen werden nur für jede volle 10 Mark vergütet und werden nach Schluß des Geschäftsjahres oder nach Aufhebung des Depositenverkehrs ausgezahlt.

§ 6.

Aenderungen dieser Bedingungen, insbesondere des Zinsfußes, sowie die Kündigungen der Genossenschaft (§ 4), werden durch . . . bekannt gemacht und gelten für alle Deponenten.

---

[1]) Für den Fall des Verlustes des Gegenbuches kann § 10 der vorstehenden Sparordnung aufgenommen werden.

Formular 6.

Aufbewahrung und Verwaltung von Werthstücken.

Bestimmungen für offene Depots.

1. D.. (Firma der Genossenschaft) übernimmt Werthpapiere jeder Art zur Aufbewahrung und Verwaltung.

Es können insbesondere zur Aufbewahrung und Verwaltung übergeben werden Werthpapiere jeder Gattung, Obligationen, Aktien, Loose, auf den Namen oder Inhaber lautend, Pfandscheine, Hypotheken-Urkunden, Schuldscheine, Wechsel.

Der Vorstand behält sich freie Entschließung vor, die angebotenen Papiere ganz oder theilweise anzunehmen oder zurückzuweisen, und jederzeit die ganze oder theilweise Rücknahme zu verlangen.

2. Die Genossenschaft leistet für die getreue und sichere Aufbewahrung volle Gewähr, sie haftet jedoch nicht für höhere Gewalt, für Elementarereignisse und für die aus der Amortisation von Werthpapieren entstehenden Folgen.

3. Die Genossenschaft besorgt die Verwaltung und ist verpflichtet:

a) die zu den Papieren gehörigen Zins- und Dividenden-Abschnitte bei Verfall abzutrennen und einzuziehen und die Zinsen aus Hypotheken- und Schuldbriefen entgegenzunehmen. Zur Beitreibung ist sie nicht verpflichtet;

b) die Ausloosungen, Kündigungen und Umwandlungen (Konvertirungen) der Werthpapiere, die erforderten Einzahlungen und die Eröffnung von Bezugsrechten zu überwachen und dem Hinterleger anzuzeigen;

c) neue Zins- und Dividendenbogen zu den hinterlegten Werthpapieren zu erheben;

d) Interimsscheine gegen definitive Stücke umzutauschen;

e) mit den deponirten Papieren verbundene Bezugsrechte auf neue Papiere geltend zu machen, auch die weiteren Einzahlungen auf nicht voll gezahlte Papiere für die Deponenten zu leisten, wenn dieselben solches spätestens 8 Tage vor Ablauf der dazu festgesetzten Termine schriftlich beantragen und zugleich die dazu erforderlichen Geldbeträge mit der

Provision einzahlen oder auf ihrer laufenden Rechnung bei der Genossenschaft zur Verfügung stellen;

f) auf Anordung des Hinterlegers die gezogenen und gekündigten, zur Rückzahlung gelangenden Papiere einzuziehen und die Konvertirung zu besorgen.

4. Für die mit diesen Leistungen verbundene Mühewaltung und Gefahr ist eine Provision von . . . pro Mille des Nominalbetrages der deponirten Papiere zu entrichten, wobei sich ergebende Bruchtheile einer Mark für eine ganze Mark gerechnet werden.

Diese Provisionen sind ohne Rücksicht auf die Dauer der Deposition für ein volles Jahr sogleich bei der Einreichung der Papiere und für jedes folgende Jahr vor dessen Beginn zu entrichten und werden in keinem Falle zurückvergütet. Für rückständige Provisionen haftet das Guthaben der Deponenten bei der Genossenschaft sowie das Depot selbst.

Für die Einziehung verlooster und gekündigter Papiere, sowie für die Geltendmachung des Bezugsrechtes und Leistung der Einzahlungen berechnet die Genossenschaft -- gleich wie für den An- und Verkauf von Werthpapieren — . . . Prozent der zu erhebenden resp. zu leistenden Zahlungen, dagegen trägt die Genossenschaft die dabei entstehenden Auslagen an Porto, Courtage 2c., sofern dieselben im einzelnen Fall nicht eine unverhältnißmäßige Höhe erreichen.

5. Die zu verwahrenden Papiere sind der Genossenschaft nach Gattungen, Serien oder Literas, Jahrgängen 2c. und Nummern geordnet, mit einem doppelt ausgefertigten, von dem Deponenten eigenhändig unterzeichneten Antrage einzureichen, worin die Papiere in gleicher Weise geordnet unter Angabe der dabei befindlichen Koupons und Talons zu verzeichnen sind.

Formulare zu diesen Anträgen, auf deren Rückseite die Bedingungen des Depositionsvertrages abgedruckt sind, werden von der Genossenschaft kostenfrei abgegeben.

Das eine Exemplar des Antrages erhält der Deponent mit Bescheinigung der Genossenschaft über den Empfang der Papiere als Depotschein zurück, das andere Exemplar verwahrt die Genossenschaft. Die Depotscheine lauten auf den Namen und sind nicht übertragbar.

6. Das Depositum kann jederzeit ganz oder theilweise zurückgenommen werden. Bei Zurücknahme eines Theils der deponirten Papiere hat der Deponent deren Empfang — in der Regel auf dem bei der Genossenschaft befindlichen Exemplar des Antrages — zu bescheinigen und zugleich die Rückgabe auf dem jedesmal vorzulegenden Depotschein seitens der Genossenschaft vermerken zu lassen.

Bei Zurücknahme des ganzen Depots resp. des Restes ist der Depotschein quittirt an die Genossenschaft zurückzugeben.

7. Die Legitimation des Inhabers des Depotscheins, sowie die Echtheit der Quittung zu prüfen, ist die Genossenschaft zwar berechtigt, jedoch nicht verpflichtet.

8. In Verbindung mit den offenen Depots wird jedem Deponenten eine laufende Rechnung nach den darüber bestehenden Bestimmungen bei der Genossenschaft geführt, worauf alle Eingänge gutgeschrieben und Entnahmen belastet werden.

9. Die Genossenschaft ist berechtigt, Depositionsanträge abzulehnen, sowie die Zurücknahme von Depots zu verlangen, ohne die Gründe dafür anzugeben.

Formular 7.

Bestimmungen für geschlossene Depots.

1. D . . (Firma der Genossenschaft) nimmt ihren Mitgliedern verschlossene Packete, Kisten und dergl. in Verwahrung, soweit der vorhandene Raum dazu ausreicht.

Sachen geringeren Umfangs müssen in dauerhaftem Umschlag, Sachen größeren Umfangs in gutverschlossenen Kisten, Koffern 2c. verpackt und in beiden Fällen dergestalt versiegelt sein, daß das Oeffnen ohne Verletzung der Siegel nicht möglich ist. Außerdem müssen die Deposita mit dem Namen des Niederlegers, dem Tag der Niederlegung und der Werthangabe deutlich überschrieben sein.

2. Von dem Inhalt der Deposita nimmt die Genossenschaft keine Kenntniß und ist für denselben in keiner Weise verantwortlich; sie ist nur verpflichtet, das Depositum unverletzt und in äußerlich gutbeschaffenem Zustande zurückzugeben, haftet aber nicht für höhere

Gewalt, Elementarereignisse oder inneren Verderb, und kann niemals angehalten werden, mehr als den deklarirten Werth zu erstatten.

Ueber die Hinterlage wird eine von der Genossenschaft und dem Niederleger unterzeichnete Urkunde über jedes Packet doppelt ausgefertigt, welche die genaue und deutliche Bezeichnung enthält

1. des Hinterlegers;
2. der zur Rücknahme der Hinterlage berechtigten Person;
3. des hinterlegten Packets nach Zeichen und Nummer;
4. der Werthsumme.

Das eine Exemplar erhält der Deponent als Depotschein zurück.

3. Als Vergütung für die Aufbewahrung wird bei der Niederlegung ein Lagergeld entrichtet, welches beträgt ..... Mark.

4. Die Aufbewahrung dauert sechs Monate. Bei Verlängerung derselben wird für jede halbjährige Frist die Hälfte des festgesetzten Lagergeldes vorausbezahlt, wobei sich ergebende Bruchtheile einer Mark für eine ganze Mark gerechnet werden.

5. Die Einsicht oder Veränderung des Inhalts der deponirten Packete oder Kisten 2c. wird im Vereinslokal nicht gestattet. Der Deponent kann solche nur im Ganzen zurücknehmen gegen Zurückgabe des quittirten Depositenscheins. Erfolgt die Zurücknahme vor Ablauf der halbjährigen Frist, so findet eine Rückvergütung des gezahlten Lagergeldes nicht statt. Wird jedoch ein Depositum binnen 8 Tagen nach der Zurücknahme wieder eingeliefert, so wird von diesem neuen Depositum auch für die ersten sechs Monate nur der Prolongationssatz erhoben.

6. Bei Zurückgabe des Depositums ist die Genossenschaft zwar berechtigt, jedoch nicht verpflichtet, die Legitimation des Inhabers des Depositenscheins, sowie die Echtheit der Rückempfangsbescheinigung zu prüfen.

7. Die Genossenschaft ist berechtigt, Depositions- und Prolongationsanträge abzulehnen, sowie die Zurücknahme von Depositen zu verlangen, ohne die Gründe dafür anzugeben.

Formular 8.

Miethsvertrag und Hausordnung bei dem Spar- und Bauverein, eingetragene Genossenschaft mit beschränkter Haftpflicht in Hannover.

Hannover, den . . . .

Herrn . . . .

hier.

Auf Grund der vorgenommenen Verloosung offeriren wir Ihnen und Ihrer Ehefrau zur miethweisen Benutzung für die Zeit vom . . . 19 . . ab das in der . . . . . Straße Nr. . . hierselbst in der . . Etage belegene Miethsobjekt, bestehend aus:

1 Stube, 2 Kammern, Küche, Keller, Mitbenutzung der Waschküche und des Trockenbodens zum Preise von Mark . . ., wörtlich: . . . . Mark pro Jahr incl. Wassergeld, unter nachstehenden Bedingungen:

1. Die Einräumung und die demnächstige Wiederräumung des Miethobjekts erfolgen zur ortsüblichen Ziehzeit und muß die Wohnung beim Auszuge in ordnungsmäßigem Zustande sein.

2. Die Kündigung muß schriftlich erfolgen, hat jedoch spätestens am 1. Juni und 1. Dezember eines jeden Jahres stattzufinden, und es darf nur am 1. April und 1. Oktober gezogen werden.

3. Die Miethe ist in monatlichen Raten, und zwar am letzten eines jeden Monats, zu zahlen. Abzüge sind unter keinen Umständen gestattet.

4. Bei unpünktlicher oder unvollständiger Miethzahlung ist der Vorstand berechtigt, den Vertrag zu lösen, und ist die Wohnung nach Ermessen des Vorstandes sofort zu räumen, sowie der Rest der Miethe voll zu zahlen. Für Zahlung der Miethe haften beide Eheleute solidarisch und steht der Genossenschaft das Recht zu, die eingebrachten Sachen so lange zurückzuhalten, bis die Miethe vollständig bezahlt ist.

5. Die etwa erforderliche Besichtigung der Wohnräume muß Miether sich zur üblichen Tageszeit gefallen lassen.

6. Die Hausordnung, die zugleich als Ergänzung dieses dient, hat Miether gleichfalls zu beachten.

Reparaturen bis zu 3 Mark hat Miether selbst zu tragen.

Zur Bestätigung dieser Abmachung wollen Sie dieselbe mit Ihrer Unterschrift und derjenigen Ihrer Ehefrau uns wieder zusenden.

Spar- und Bauverein
eingetragene Genossenschaft mit beschränkter Haftpflicht.

Der Vorstand. . . . .

. . . . . . (Unterschrift des Miethers.)

Haus-Ordnung
für die Miether in den Häusern des Spar- und Bauvereins.

Von den Bewohnern der Häuser des Spar- und Bauvereins wird vorausgesetzt, daß sie als Miether der Genossenschaft vor allen Dingen bestrebt sind, die ihnen zur Benutzung vermietheten Räume im Interesse der Genossenschaft in stets gutem Zustande zu erhalten, für gehörige Reinigung und Lüftung zu sorgen. Aus dem Umstande, daß die Wohnungen nur an Mitglieder der Genossenschaft vermiethet werden, darf kein Miether irgend welches Recht herleiten, nach eigenem Ermessen irgend welche Aenderung in seiner Wohnung vorzunehmen, sei es an Wänden, Thüren, Fenstern, Oefen und dergleichen: für jede muthwillige oder fahrlässige Beschädigung ist jeder Miether verantwortlich. Außerdem hat kein Miether irgend welches Recht, andere als die ihm kontraktlich vermietheten Räume für seine Benutzung in Anspruch zu nehmen, es sei ihm denn durch die spezielle Genehmigung des Vorstandes gewährt.

Zur Aufrechterhaltung der Ordnung im Hause ist ein Vicewirth bestellt, dessen Weisungen sämmtliche Miether des betreffenden Hauses Folge zu leisten haben.

Jeder Miether hat insbesondere folgende Vorschriften streng zu beachten:

1. Die Beleuchtung des Hausflurs und der Treppen hat von den in der betreffenden Etage wohnenden Miethern gemeinschaftlich zu geschehen und ist mit eintretender Dunkelheit zu beginnen und bis 10 Uhr Abends fortzusetzen. In welcher Weise die betreffenden Miether dafür sorgen, bleibt deren Verständigung unter einander überlassen, doch muß die Beleuchtung eine ausreichende sein.

2. Die parterre wohnenden Miether haben gemeinschaftlich für Reinigung des Hausflurs, incl. Hausthüren und Trottoir zu sorgen.

Der Hausflur und die von der Straße in das Haus und vom Hofe in das Haus führenden Treppenstufen sind stets besenrein zu halten und mindestens einmal wöchentlich gut zu scheuern. Jede besondere Verunreinigung dieser Theile durch Kohleneintragen u. s. w. hat der Betreffende, für den es geschieht, nach beendeter Arbeit sofort selbst beseitigen zu lassen.

3. Die in den Etagen wohnenden Miether haben für Reinigung der zu der Etage führenden Treppe und der Treppenfenster zu sorgen und zwar derart, daß die Treppe täglich gründlich gefegt und mindestens einmal wöchentlich gescheuert wird. Eine Reinigung durch Kinder, welche der Arbeit nicht gewachsen sind, ist nicht gestattet.

4. Die Hofräume und die Zugänge zu den Kellern sind von sämmtlichen Miethern im Hause abwechselnd zu reinigen und zwar wöchentlich: welche Reihenfolge dabei eingehalten werden soll, wird von dem Vicewirth bestimmt. Jede Verunreinigung dieser Zugänge durch Kohleneintragen oder dergl. hat jeder selbst zu beseitigen.

5. Die Zugänge zu den Kellern, die Treppenaufgänge, überhaupt alle diejenigen Räume, welche zum gemeinschaftlichen Verkehr dienen, dürfen in keiner Weise durch Hinstellen von Waschgeschirr, Schränken u. s. w. beengt werden, ebenso darf keiner der Miether durch Reinigung von Kleidern, Schuhzeug und anderen Sachen, diese Zugänge verunreinigen, andernfalls derselbe für sofortige Wiederreinigung zu sorgen hat.

6. Die Reinigung des Klosets muß von denjenigen Miethern, welche es gemeinschaftlich benutzen, auch gemeinschaftlich geschehen und sind die Klosets namentlich gut zu lüften.

7. In den Küchen dürfen Küchenabfälle u. s. w. nur für längstens einen Tag aufbewahrt und unter keinen Umständen länger dort gelagert werden.

8. Die Benutzung der Waschküche und des Trockenbodens wird derartig geregelt, daß diejenigen Miether, welche diese Räume zu benutzen wünschen, solches bei dem Vicewirth in ein zu diesem Zwecke bereit zu haltendes Buch eintragen, doch darf kein Miether die Benutzung für länger als drei aufeinander folgende Tage beanspruchen, und zwar derart, daß, wer drei oder weniger Tage die Waschküche benutzt hat, für die gleiche Zahl darauf folgender Tage

den Anspruch auf den Trockenboden hat. Sollte ein Miether mehr als einmal im Monat die Waschküche rc. zu benutzen wünschen, so kann dies nur geschehen, wenn keiner der anderen Miether die Benutzung beansprucht. Ein Wechsel der von den Miethern angemeldeten Zeiten für die Benutzung der Waschküche rc. kann nur nach vorheriger Anmeldung beim Vicewirth geschehen. Nach beendigter Benutzung der Waschküche hat derjenige, der die Waschküche benutzt hat, für gründliche Reinigung des Waschkessels, der Feuerstelle, des Fußbodens, der Thüre, sowie der Eingangstreppe zu sorgen. Ebenso ist der Trockenboden und die zu demselben führende Treppe nach beendigtem Gebrauch zu reinigen.

In den Wohnräumen darf unter keinen Umständen gewaschen werden, in der Küche in dringenden Fällen jedoch nur etwaige kleine Kinderwäsche.

9. Nach 10 Uhr Abends darf Niemand durch Gesang, Musik und sonstigen Lärm die Ruhe der Mitbewohner und Nachbarn stören. Für das Betragen der bei einem Miether wohnenden Logisleute ist derselbe verantwortlich. Das Abvermiethen ist, auf vorherige Anzeige beim Vorstande, nur an eine ledige Person gestattet. Die Wohnung soll der Hauptsache nach jedoch nur für die Familie des Miethers sein.

10. Im Uebrigen wird von jedem Miether ein anständiges, ruhiges Betragen vorausgesetzt. Für seine Familienmitglieder ist jeder Miether auch nach dieser Richtung hin verantwortlich. Jedenfalls hat jeder Miether strengstens dafür zu sorgen, daß durch seine Kinder rc. keine grobe Verunreinigung oder Zerstören von Genossenschafts-Eigenthum, oder dem Eigenthum der übrigen Miether im Hause und Nachbarn geschieht, andernfalls ist derselbe für den entstandenen Schaden haftbar resp. zur Reinigung verpflichtet.

11. Die Hausthür wird 10 Uhr Abends durch den Vicewirth geschlossen und muß bis 5 Uhr Morgens geschlossen gehalten werden, wofür Jeder, der später als 10 Uhr Abends in das Haus eintritt, verantwortlich bleibt.

Da das Amt des Vicewirths ausschließlich Ehrenamt ist, so wird erwartet, daß die Bewohner des Hauses durch ihr Entgegenkommen demselben die Verwaltung seines Amtes erleichtern, und seine Anordnungen von jeder im Hause wohnenden Person befolgt werden. Zuwiderhandlungen gegen diese Hausordnung haben sofortige Kündigung zur Folge.

Der Vorstand des Spar- und Bauvereins, e. G. m. b. H.

Formular 9.

Verpfändung von Werthpapieren zur Sicherstellung für ein bestimmtes Darlehen.

Zur Sicherstellung meiner am . . . . . . fälligen Darlehensschuld von . . . Mk. sammt Zinsen und Kosten übergebe ich d . . (Firma der Genossenschaft) die nachstehend verzeichneten Werthpapiere hiermit unter folgenden näheren Bedingungen als Faustpfand:

1. Sollte ich meinen Verpflichtungen bezüglich des mir gewährten Darlehens nicht nachkommen, so ermächtige ich hiermit die Genossenschaft, das Unterpfand ganz oder theilweise ohne vorgängige Androhung des Verkaufs sofort an der Frankfurter, Berliner oder einer anderen Börse für meine Gefahr und Rechnung verkaufen zu lassen und sich daraus für Kapital, Zinsen, Provision und Kosten vollständig bezahlt zu machen.
2. Dasselbe Recht räume ich der Genossenschaft für den Fall ein, daß der Kurs der verpfändeten Werthpapiere während der Dauer des Pfandverhältnisses um 5 Prozent oder mehr, oder um so viel sinkt, daß meine Schuld mehr als neun Zehntel des Kurswerthes beträgt, und ich nicht binnen 3 Tagen, auch ohne besondere Aufforderung, die ursprüngliche Sicherheit dadurch wiederherstelle, daß ich nach der Wahl der Genossenschaft entweder eine verhältnißmäßige Abschlagszahlung leiste oder das Unterpfand auf das ursprüngliche Verhältniß erhöhe. Das Eintreten eines jener Fälle hat Fälligkeit des Darlehns zur Folge.
3. Für die verpfändeten Effekten, die einer Kündigung, Verloosung, Auszahlung oder sonstigen Veränderung unterliegen, habe ich die zur Sicherung meines Interesses nöthigen Maßregeln selbst zu besorgen oder die Besorgung auf meine Kosten in Antrag zu bringen, widrigenfalls die nachtheiligen Folgen mich allein treffen.

4. Die Zins- und Dividendenscheine werden auf meinen Antrag an bezw. kurz vor dem Fälligkeitstermine von dem Vorstande der Genossenschaft abgetrennt und mir gegen Quittung ausgehändigt. Die Einholung neuer Zins- und Dividendenscheine besorgt die Genossenschaft auf meine Kosten.
5. Von dieser Verpfändung habe ich eine gleichlautende Ausfertigung erhalten.
6. Jeder, welcher die Genossenschaft vollständig befriedigt und die Ausfertigung dieser Pfandurkunde zurückgiebt, oder sie zu einem anderen Zwecke präsentirt, soll für den rechtmäßigen Eigenthümer derselben und des Unterpfandes angesehen werden. Die Genossenschaft übernimmt keine Verpflichtung, die Legitimation des Inhabers oder dessen, der über den Rückempfang des Pfandes quittirt, sowie die Richtigkeit der Quittung zu untersuchen.

(Ort), den . . ten . . . . . 19 . .

(Name, Stand und Wohnort des Schuldners.)

Formular 10.

Verpfändung von Forderungen und insbesondere eines Sparkassenbuches.

Ich verpfände die mir an die Sparkasse zu . . . . zustehende Forderung in Höhe von . . . Mark, über welche das Sparkassenbuch Nr. . . . ausgestellt ist und übergebe dieses Sparkassenbuch zum Pfande.

(Ort), den . . ten . . . . . 19 . .

(Unterschrift.)

Formular 11.

Verpfändung einer Lebensversicherungs-Police.

Zur Sicherheit der (Firma der Genossenschaft) für das mir am . . . . gewährte Darlehen in Höhe von . . . Mark nebst Zinsen und etwa entstehenden Kosten verpfände ich der Genossenschaft den mir aus Police Nr. . . . der . . . . über . . . . Mark zustehenden Versicherungsanspruch.

Ich verpflichte mich, die Prämien an die . . . . . . zu zahlen und die Prämienquittungen der Genossenschaft auszuhändigen. Im Falle eines Verzuges in der Prämienzahlung räume ich der Genossenschaft das Recht ein, die rückständigen Prämien für mich zu bezahlen und sich wegen der Auslagen an das Pfand und mein sonstiges Vermögen zu halten, auch nach ihrem Ermessen die Rückkaufssumme der Versicherung zu erheben.

(Ort, Datum.)

(Unterschrift.)

Formular 12.

Verpfändungs-Urkunde für Hypothekenforderungen nach den Bestimmungen der Grundbuchordnung.

Zur Sicherstellung meiner Darlehensschuld von ..... sammt Zinsen und Kosten verpfände ich d .. (Firma der Genossenschaft) .... (genaue Angabe der Hypothekenforderung ...., über welche der hiermit der Genossenschaft übergebene Hypotheken-(Grundschuld-)Brief gebildet ist.

Ich bewillige und beantrage die Eintragung der Verpfändung obiger Hypothekenforderung im Grundbuche und verpflichte mich, die sämmtlichen entstehenden Kosten zu tragen.

(Ort, Datum).

(Name, Stand, Wohnort des Verpfänders.)

Formular 13.

Cession einer Hypothekenforderung als Sicherheit.

Zur Sicherheit aller jetzigen und zukünftigen vermögensrechtlichen Ansprüche an mich trete ich d .. (Firma der Genossenschaft) .... (genaue Angabe der Hypothekenforderung) nebst Zinsen ab, so daß dieselbe dies Forderungsrecht von nun ab als das ihrige auszuüben befugt ist. Ich übergebe die über die Post ausgestellte Hypothekenurkunde der Genossenschaft und bewillige und beantrage die Eintragung der Abtretung in das Grundbuch.

(Ort, Datum.)

(Unterschrift.)

Formular 14.

Anstellungs-Vertrag für Vorstandsmitglieder.

Nachdem Herr N. N. in der Generalversammlung vom .... zum ..... (Bezeichnung des Vorstandsamtes) gewählt ist, wird zwischen dem ..... Verein zu ....., eingetragene Genossenschaft mit .. beschränkter Haftpflicht, vertreten durch den Aufsichtsrath, und Herrn N. N. nachstehender Vertrag geschlossen:

§ 1.

Herr N. N. übernimmt in dem ..... Verein zu ....., eingetragene Genossenschaft mit .. beschränkter Haftpflicht, das Amt eines (Bezeichnung des Vorstandsamtes) für die Zeit*) vom .... bis .... und verpflichtet sich, die ihm in dieser Eigenschaft nach dem Genossenschaftsgesetze, dem Vereinsstatut und der in Gemäßheit des § .. des Statuts erlassenen Geschäftsordnung obliegenden Arbeiten und Verbindlichkeiten mit der Sorgfalt eines ordentlichen Geschäftsmannes zu erfüllen.

§ 2.

Als Vergütung erhält Herr N. N. .... Mark festes Gehalt, das postnumerando in .... Raten gezahlt wird, und außerdem vom Reingewinn .. % Tantieme, die nach der durch die Generalversammlung erfolgten Genehmigung der Bilanz zur Auszahlung kommt.

§ 3.

Die Vertretungskosten in Fällen der Behinderung werden für die Dauer von .. Monaten von der Genossenschaft als Geschäftsunkosten bezahlt. Bei längerer Behinderung hat Herr N. N. die Stellvertretungskosten vom ... Monate ab im vollen Betrage zu decken.

Im Falle Herr N. N. während der Vertragsperiode stirbt, wird den Erben desselben das Gehalt für den Sterbemonat und zwei darauf folgende Monate gezahlt, jedoch nicht über die Vertragsdauer hinaus.

§ 4.

Herr N. N. hat einen Anspruch auf einen Urlaub von .... in jedem Jahre. Zu dem Antritt des Urlaubs ist rechtzeitig die Genehmigung des Aufsichtsraths einzuholen.

§ 5.

Herr N. N. hat für allen aus seiner Geschäftsführung der Genossenschaft entstehenden Schaden eine Kaution in Höhe von ... Mark zu stellen, dieselbe wird bestellt in ..... und folgendermaßen in Verwahrung genommen ....

*) Oder „auf unbestimmte Zeit" bei Anstellung auf Kündigung.

Die Herausgabe der Kaution erfolgt erst, wenn Herr N. N. über die ganze Zeit der Geschäftsführung Rechnung gelegt hat und ihm durch die Generalversammlung Entlastung ertheilt ist.

§ 6.*)

Die Genossenschaft sowie Herr N. N. haben das Recht, diesen Vertrag nach vorhergegangener Kündigung von ... Monaten aufzuheben. Die Kündigung für die Genossenschaft erfolgt durch Beschluß der Generalversammlung auf Antrag des Aufsichtsrathes.

§ 7.

Für den Fall, daß Herr N. N. vor Ablauf der Wahlperiode wegen Nichterfüllung der ihm nach dem Genossenschaftsgesetz und dem gegenwärtigen Vertrage obliegenden Verpflichtungen aus seinem Amte entlassen wird, entsagt derselbe allen Entschädigungsansprüchen an die Genossenschaft wegen der ihm in diesem Vertrage zugesicherten Vergütung von dem Zeitpunkt der von der Generalversammlung ausgesprochenen Entlassung. Geht dieser endgültigen Entlassung eine vorläufige Enthebung von dem Amte durch den Aufsichtsrath voraus, so tritt die Entlassung schon mit dem Tage der Letzteren in Kraft.

Das Vorstehende gilt auch, wenn die Entlassung wegen Unfähigkeit zur ordnungsmäßigen Verrichtung der übertragenen Funktionen, wegen Verlustes der Dispositionsfähigkeit oder der bürgerlichen Ehrenrechte erfolgt.

........, den .... 18..

N. N. (Bezeichnung des Vorstandsamtes.)

X. Y., Vorsitzender des Aufsichtsrathes.

*) Für den Fall der Anstellung auf Kündigung.

Druck von A. W. Hayn's Erben, Berlin und Potsdam.

FSC
www.fsc.org
MIX
Papier | Fördert gute Waldnutzung
FSC® C083411

Kolibri 360 GmbH
Ferdinand-Jühlke-Straße 7
99095 Erfurt, Deutschland
produktsicherheit@kolibri360.de